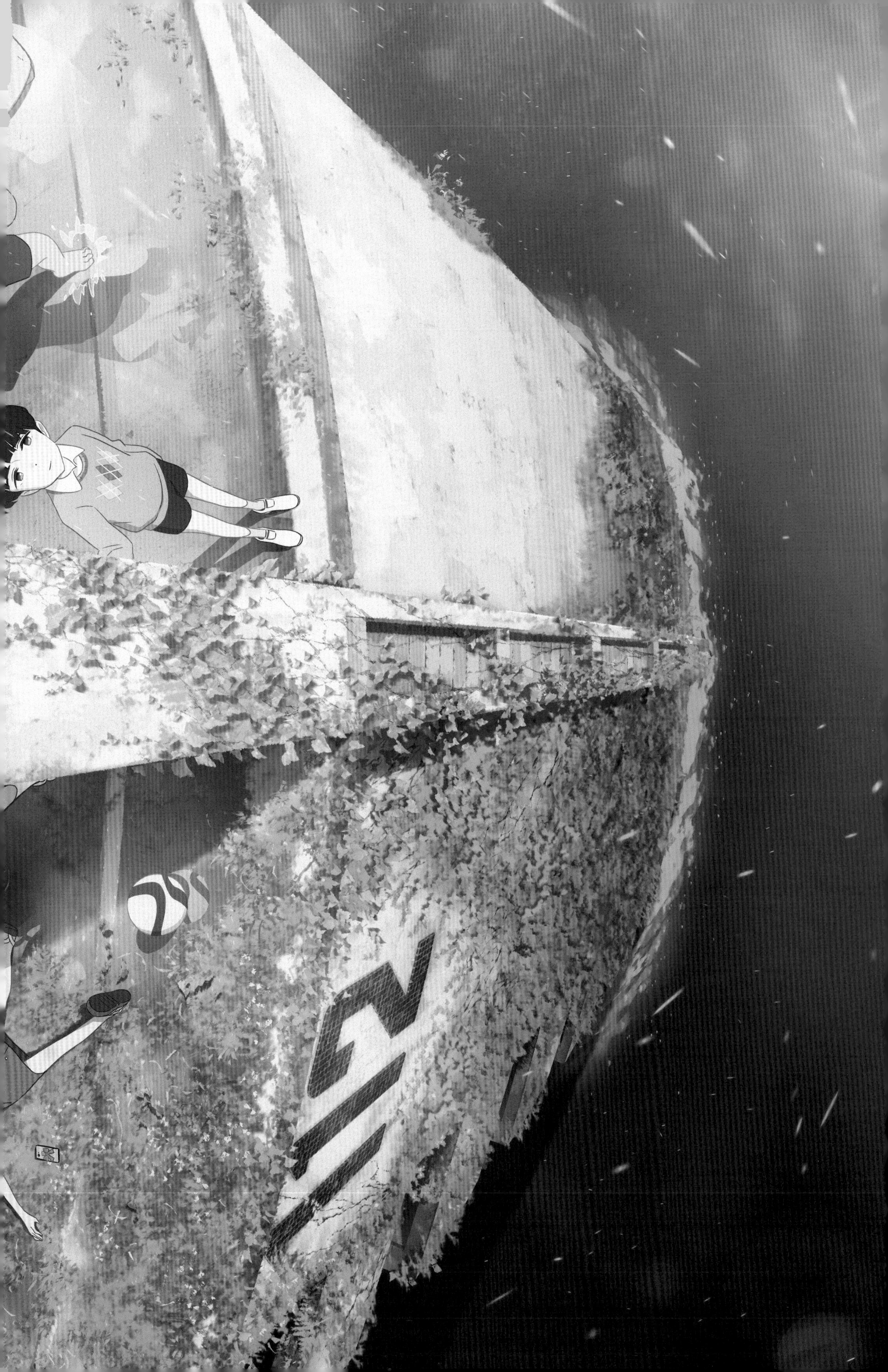

雨を告げる漂流団地

スタジオコロリド公式ファンブック

雨を告げる漂流団地
スタジオコロリド公式ファンブック

もくじ

Film Story

Prologue

プロローグ

「60年くらい前。この団地、鴨の宮団地はできた」

今から60年前。日本の高度経済成長期に「鴨の宮団地」は造られた。広大な敷地内には大小織り交ぜて100を優に超える棟が立ち並び、公園や集会所も備えており、この周囲だけで生活を完結できた。

ここで暮らしてきた航祐と夏芽は、まるで実の姉弟のような関係の幼なじみだった。学校が終わると航祐の祖父である安じぃ――安次の家に入り浸り、宿題をしたり、日が暮れるまで遊んだり。本当の家族ではないけれど、血縁以上の絆で航祐と夏芽は結ばれていた。ただはしゃぎまわり、安じいに甘えられたあの頃は、二人にとって一番幸せな時間だったのかもしれない。

しかし、安じいが病で他界したのをきっかけに、航祐と夏芽の関係はギクシャクしはじめる。いままで仲よしだったのに、小学6年生になった二人は言葉を交わす機会も少なくなっていた。その関係性の変化に、航祐は戸惑いと不安を覚えていた。

↑二人がまだ低学年の頃。団地は古びてはいるが、居住者が多く活気があった。夏芽の思い出の中では、団地はいつも光あふれるあたたかな場所だったのだろう

←↑航祐が夏芽にSNSでメッセージを送っても、既読がつくだけで返信がない。夏芽がそっけない態度をとり続ける理由に心当たりはあるが、何もできないでいた

Point

航祐と夏芽が幼き日を過ごした古びた団地

築60年の団地は老朽化が目立ち、ついに取り壊されることになった。住民の退居はすでに完了しており、解体の準備が進められる中、「幽霊が出る」という噂が流れはじめた。そのため小学生の間で「おばけ団地」などと呼ばれている。

「安じい……」

安じいと過ごした
思い出の部屋で……

解体の準備が進められている団地は、部外者の立ち入りが禁止されている。しかし、団地の一室には無断で立ち入る夏芽の姿が……。そこは生前の安じいが暮らしていた部屋だった。放課後、安じいの部屋で過ごすことで、安じいがいない寂しさを紛らわせていたのだ。

まるで本当の家族のように
いつも一緒だった二人

幼い頃から家族ぐるみの付き合いだった航祐と夏芽。家が近所であり、学校やサッカークラブも同じなので、四六時中一緒に過ごしていた。あの頃の二人は、こんな時間がこれからもずっと続くのだと信じて疑わないでいた。

↑ただ一緒にいるだけで楽しかった。当時の夏芽は家庭に問題を抱えていたが、航祐と安じいがいてくれたから、寂しさを感じたことはなかった

「おばけ団地って言われたりもするけど、
これでもうちだ。
俺と夏芽の、大切な我が家……だった」

→学校が終わったあとの航祐と夏芽が一目散に向かう鴨の宮団地は、幸せがいっぱい詰まった思い出の場所。目を閉じると、学校帰りのふたりを迎える安じいの姿もはっきり思い出せる

Chapter 1

幼なじみの航祐と夏芽
気まずい二人

明日からいよいよ夏休み。小学生最後の夏休みを目前にひかえて、子供たちは浮き立つ気持ちをおさえきれずにいる。終業式を終えたクラスメイトたちが夏休みをどう過ごすかで盛り上がっているのに、夏芽と気まずくなっている航祐の表情は冴えない。夏休みに入ると夏芽に会う機会が極端に減ってしまう。このままでは、夏芽がどんどん遠くへ行ってしまうような気がしているが、自分から声をかけるのも癪にさわるので、航祐の心の内はモヤモヤしっぱなしだった。

そこへドタドタとほかのクラスの令依菜や太志たちが押しかけてくる。そして太志は唐突に「明日、おばけ団地に行くぞ!」と夏芽と航祐に宣言。取り壊し中で危ないから行ってはダメだという夏芽と食い下がる太志、さらに令依菜のフロリダ旅行への勧誘に巻き込まれた航祐は、「どっちも行かねえよ!」と叫んで教室を飛び出してしまう。

「あそこの団地って
もう壊されちゃったかなぁ?」

↑この日が学校があるうちに夏芽と話せる最後の機会。それなのに、航祐は窓際の席に座る夏芽を見るばかりで声をかけられずにいた

↑団地から高層マンションへ引っ越したばかりの夏芽の家は、荷解きも終わっていない状態。母子の二人暮らしの大変さが垣間見える

Point

いまだに埋められない
安じいを失った寂しさ

航祐の祖父である安じいが亡くなってから、まだ1年も経っていない。いつも一緒に過ごしていた航祐の悲しみと寂しさはいまだに癒えておらず、心にぽっかり大きな穴が開いた状態。だが、仏壇の前に立つ航祐の顔が浮かないのには、別の理由もあった。

↑安じいの好物だったすき焼きを仏壇に供える航祐。その面持ちには単に寂しさや悲しさだけではない、複雑な感情が見え隠れしていた

航祐と夏芽、そして令依菜 小学６年生の微妙な三角関係

夏休みにフロリダのランドへ行く令依菜は、以前から気になっている航祐に「よかったら一緒に」と積極的なアプローチに出る。その一方で、昔からずっと航祐の側にいる夏芽を疎ましく思っているのか、少々当たりが強くなっている。

「熊谷、借りてもいいでしょ？」

↑航祐に声をかける際、令依菜はわざわざ夏芽に「熊谷、借りてもいいでしょ？」と断りを入れて、牽制するのだった

「明日『おばけ団地』に行くぞ！
夏休みの自由研究!!
詳細はシークレット!!」

↑テンションMAXな太志は「おばけ団地探検」を提案。それがのちに想像もできない大事件につながっていく

「おばけ団地」探検に 気が乗らない航祐

太志から「おばけ団地探検」に誘われるが、航祐は「行かねーよ」と返信する。「おばけを捕まえる」というバカバカしい提案にも、以前の航祐ならのっていただろう。だが、気持ちが沈んだままの航祐は、ふざけ半分で思い出の団地に行く気持ちにはなれなかったのだ。

Chapter 2

団地で出くわして ケンカが勃発

散々迷ったが、航祐は結局「おばけ団地探検」へ参加するべく、太志や譲と現地に向かった。オバケを捕まえようと意気揚々の太志とは対照的に、かつて過ごした団地の寂れた様子に航祐の気持ちは沈んでいく。

安じいが住んでいた404号室に足を踏み入れた太志が押入れの襖を開けると、そこにはなんと夏芽がいた！　なぜこんなところにいるのか航祐に問い詰められた夏芽は、動揺しながらも「『のっぽくん』のことが放っておけないから」と返答する。夏芽が言うには、この団地には「のっぽくん」という不思議な男の子がいるらしいのだ。

だが、夏芽が安じいの部屋に無断で侵入していたのを「のっぽくん」の作り話でごまかしていると思った航祐は、夏芽にキツくあたってしまい、二人の間でケンカが勃発。降りしきる雨のなか追いかけてくる航祐から逃げるうちに、夏芽は誤って団地の屋上から転落してしまった。

「いや……『のっぽくん』がね
いつも上にいるはずだから」

↑なにげなく押入れを開けたら、見知った友人が居眠りをしていた。もしそんな状況になったら、太志でなくても腰を抜かすだろう

←↑土足で404号室に踏み入っていく太志と航祐。だが、ここが安じいの部屋であることを知っていた譲は、靴を脱がずにいられなかった

↑→「どうしてこんなところに、こいつが……!?」。航祐をはじめとする3人組と夏芽は、お互いの姿を見た瞬間に全員が同じ想いにとらわれたことだろう

Point

「おばけ団地」を探索する航祐のほろ苦い想い

「おばけ団地」は航祐にとっては安じいや夏芽との思い出の詰まった大切な場所。それなのに、航祐はあえて太志のように土足で404号室に踏み入った。それは、航祐の「安じいを失った悲しみに区切りをつける」という気持ちのあらわれだったのかもしれない。

「適当なこと言って
お前がここにいたいだけだろ？」

**鴨の宮団地の屋上に
続々と集まってくる子供たち**

「屋上に『のっぽくん』がいるはずだから」という夏芽に導かれ、３人は団地の屋上へ。そこには夏芽が持ち込んだテントなどはあるが、肝心の「のっぽくん」の姿はない。そこへ、下から航祐の姿を見かけた令依菜や珠理も上がってきて、さらに騒々しくなっていく。

「あんなに一緒に遊んで
一緒に暮らしたのに……
そんなことよく言えるね！」

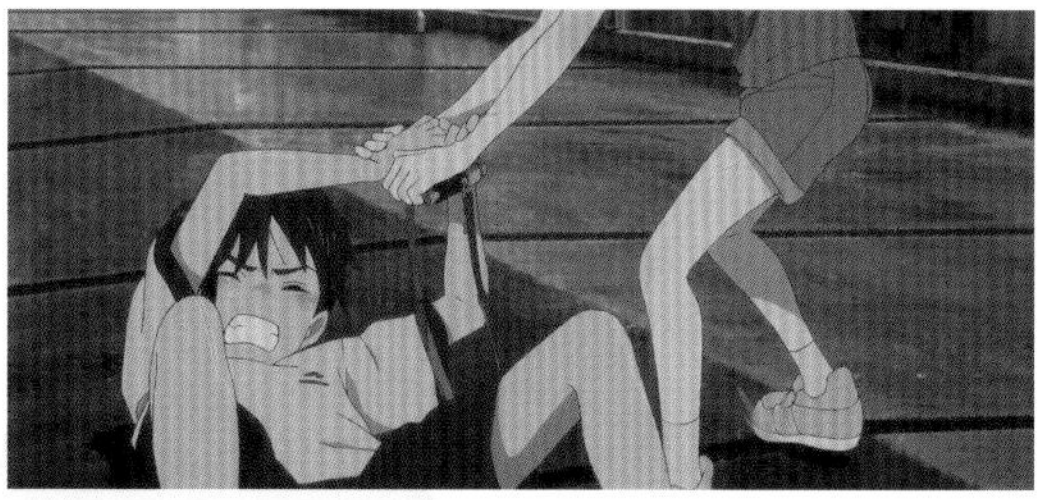

↑「俺んちとお前は関係ねえだろ！」と言ってしまった航祐。ケンカ中にはずみでこぼれた一言は、夏芽の心を深く傷つけるのだった

**夏芽が屋上から転落
その瞬間、異変が発生……！**

夏芽が安じいの形見のカメラを持っているのを見て、航祐はさらに怒りを募らせる。無断で思い出の場所に踏み入られただけでなく、大切なカメラまで盗まれたと思ったのだ。ムキになってカメラを奪い合ううちに足を滑らせた夏芽は、地上へと転落していくが……。

Chapter 3

団地が漂流!?
のっぽとの出会い

夏芽が屋上から落ちる瞬間、一陣の強烈な雨が団地を包み込んだ。その直後、夏芽は地面ではなく海面に着水していた。夏芽が無事であることに安心したのも束の間、航祐たちがまわりを見渡すと、そこは一面の大海原だった。

突然のことにパニックに陥る子供たち。これは「ドッキリ」なのか、それとも天変地異で団地を残して周囲が水没したのか、原因は一切わからない。それでも助かる方法を模索して、航祐たちはスマホや花火、トランシーバーなどを使って助けを呼ぼうとするが、何も効果がない。

途方に暮れながら団地内を見回っていると、一行は背の高い見知らぬ少年に遭遇する。彼こそ、夏芽がいう「のっぽくん」だった。のっぽを新たな仲間に加えた航祐たちは、この異常事態から脱する間に必要な食料や、助けを呼ぶ手段を探しはじめる。まるで夢のなかのような状況だが、これはまぎれもない現実だった。

「きっと、何か事故に巻き込まれたんだ。ぜってー帰ってやるからな!」

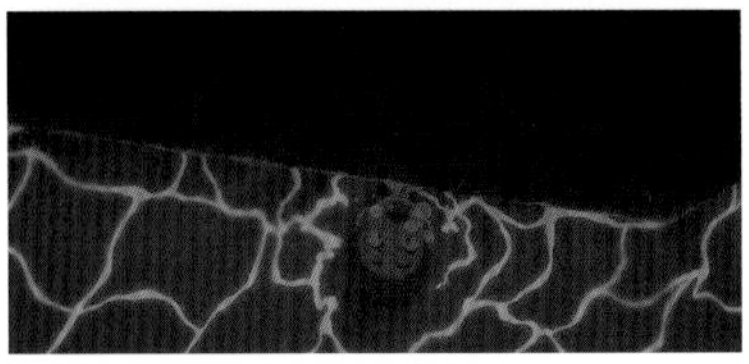

↑→落下した先が海面だったので、夏芽はことなきを得る。航祐は夏芽のもとにいの一番に駆けつけた

←↑スマホはつながらない。子供たちにとって必需品の不調に、令依菜たちは不安を隠せなかった

Point

スマートフォンが圏外に孤立無援の漂流状態

団地が放り出されたのは、広大な海のど真ん中。周囲に陸地は見えず、まれに建造物が流れてくるが、そこに人影はない。流されていく団地に身を任せるしかないこの状態では助けを待つ以外にないが、助けを呼ぶ手段もない。子供たちは八方ふさがりの状態になってしまう。

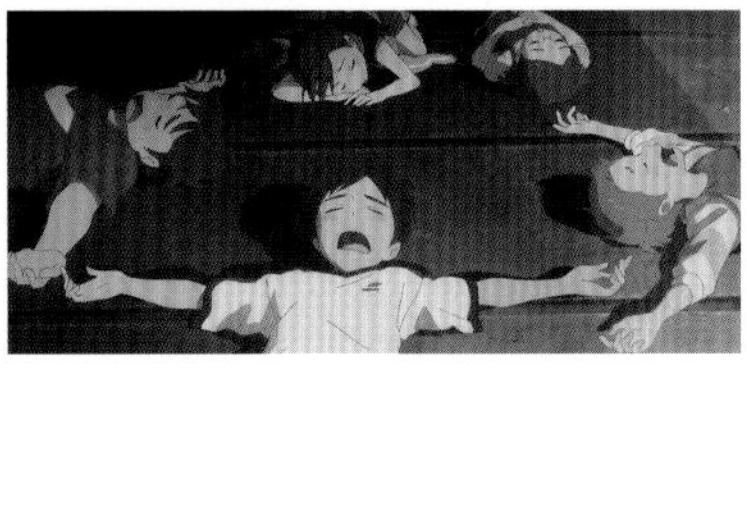

「この子がのっぽくん。昔この団地に住んでたんだって」

↑のっぽをおばけと勘違いして、逃げ惑う子供たち。のっぽは無口で無表情なので、そう見えたのも無理はない

どこからか現れた
正体不明の少年

いままで存在をまったく感じさせなかったのに、突如現れたのっぽ。夏芽によれば、彼は昔この団地に住んでいたのだという。夏芽の話が本当だったことに驚く一同。ミステリアスなのっぽに得体の知れなさを覚えながらも、子供たちはのっぽを仲間の一員に加えるのだった。

→団地には夏芽が持ち込んでいたお菓子やブタメン、飲料水がたくさんあった。少しの間ならば、これらで食いつなげるはず

「実は……私、ここに来たこと……前にもある」

一晩寝て過ごせば戻れる？
一夜限りのキャンプのつもりが……

実は、夏芽はこの不思議な海に団地ごと迷い込んだことが何度かあるという。その時は一晩寝て起きれば元の街に戻っていたし、ほとんど時間も経っていなかったらしい。一晩限りのキャンプだと割り切った子供たちは、翌日の変化に期待をするのだが……。

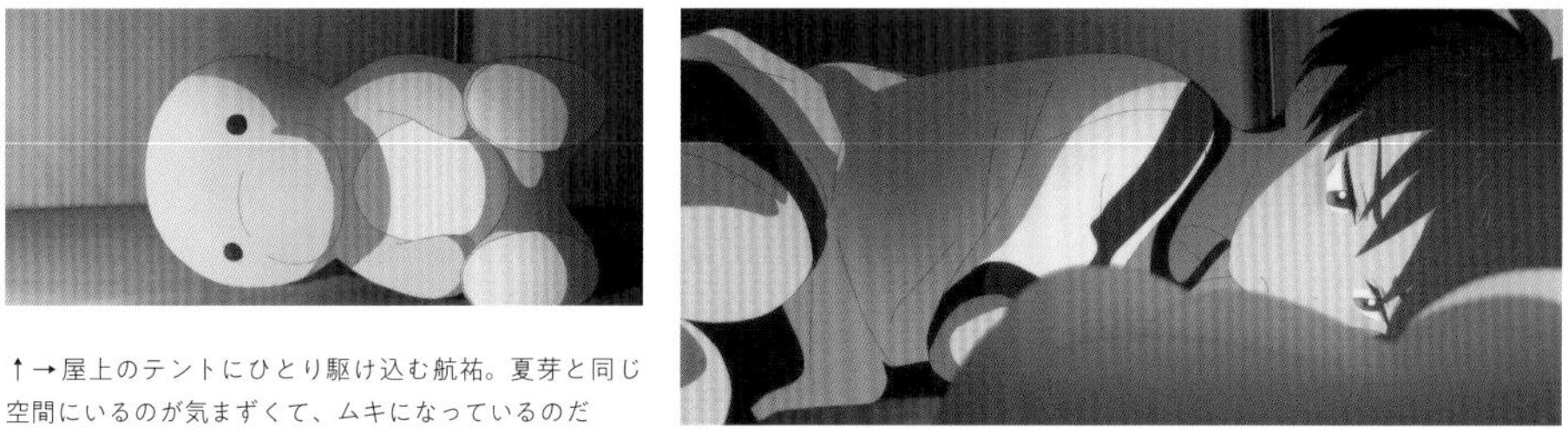

↑→屋上のテントにひとり駆け込む航祐。夏芽と同じ空間にいるのが気まずくて、ムキになっているのだ

Chapter 4

プール探索を経て
凸凹コンビ復活

夏芽は「一晩経てば元の街に戻れる」と言っていた。しかし次の日も、その次の日も、元の街に戻れる兆しは一向に見出せない。初日こそキャンプ気分でウキウキしていた子供たちだったが、次第に減っていく食料に不安を隠せずにいた。一方、この状況を自分なりに観察していた航祐は、食料不足に対する打開策を見出した。この海には団地以外にも漂流している建物がある。それらが接近した時に乗り移って、備蓄食料を見つけ出そうというのだ。

航祐の狙い通り、かつて彼が通っていたスイミングクラブの建物が漂流してきた。探索に向かった航祐は、こっそりついてきた夏芽と協力して菓子の自販機を壊そうと試みる。だが、小学生の力では破壊できず、くじけそうになる夏芽。そんな彼女を励ます航祐。結局、自販機の破壊には失敗したものの、非常食を見つけた二人は、食料を仲間たちのもとへ持ち帰ることができた。

「……やっぱり夏芽には航祐くんが必要だよ」

↑トイレは古い和式、風呂は海水を沸かしたもの。いままでとはまったく異なる環境に戸惑う令依菜だったが、慣れるしかない

Point

食料が乏しくなり疲弊していく子供たち

最初はたくさんあったカップ麺やお菓子も、６人で食べるとあっという間に消えていく。助けがくるのに時間がかかることを見越して、１回分の食料を節約。時には夕食が数枚のポテトチップスだけという日もあり、空腹が子供たちを追い詰めていく。

「でも、どういうことだ？ ナラハラって3年の時にぜってえ壊されたはずなのに」

↑→何年も放置されたままなのか、施設内は荒れ放題だった。それでも、一縷の望みをかけて航祐たちは食べられるものがないか探しはじめる

漂流中のプールで食料探しを敢行

3年前に取り壊されたはずのナラハラのプールが団地の近くに流れてきた。長いロープを伝って、プールの建物に突入する航祐。無人の建物内で食料を探していると、そこに夏芽が現れてビックリ！ 航祐が一人でプールに向かったのを見かけて、心配してついてきたらしい。

「大丈夫だって、飯はまたなんとかなるって！ な！ 一緒に団地に帰ろう！」

←↑夏芽は転んだ拍子に割れたガラスでケガをしてしまう。それでも食料を探そうと頑張るのだが……

危険と苦労の甲斐あって非常用の食料を獲得

見つけた自販機を壊そうと奮闘するが、まったく歯が立たず、悔しさからその場に崩れてしまう夏芽。それまで喧嘩腰だった航祐も、夏芽の弱々しい姿を見て励まそうとする。そこへ何かがドサリと落ちる音が。なんと非常食が詰まったリュックサックが出てきたのだ。

←↑食料獲得に歓声を上げる一同。カップ麺とポテチ以外の食べ物にありつけて、表情にも笑顔が戻ってきた

Chapter 5

のっぽの正体

航祐と夏芽の奮闘により、切り詰めれば1週間ほどは食いつなげる量の食料が手に入った。さらに、遠くのほうに陸地と自分たちの街が見えてきたこともあり、子供たちの間に活気が戻ってくる。また、プールでの探索で、久しぶりに力を合わせて一つのことに打ち込んだおかげで、離ればなれだった航祐と夏芽の距離が少し近づいたようだった。

そんな時、ふとしたきっかけで航祐はのっぽの服の下に隠れた左腕に草が生え、ひび割れているのを見てしまう。航祐はいままであえて触れてこなかった「のっぽの正体」を問い正すと、彼はぽつぽつと語りはじめた。この団地ができた60年前から、ずっと住人たちを見守り続けてきたことを。つまりのっぽは人間ではなく、鴨の宮団地の精、あるいは魂のような存在だったのだ。その事実に子供たちは驚くが、悪意や敵意などは一切感じられないのっぽをあらためて仲間に迎え入れた。

「僕はこの団地にずっといる。この団地が、できた時から」

↑→不安だらけの漂流に終わりが見えてきた。子供たちは入手した食料をここぞとばかりに食べ、花火や日光浴をするなど豪遊（？）した

Point

はるか遠くに見える航祐たちの街

遠くに陸地が見えてきたことが、子供たちの心に大きな希望をもたらした。子供たちは漂流生活に一つの区切りが見えたと感じたのだろう。だが、彼らはすっかり忘れていた。壊されたはずの建物が漂流するこの海は、普通の場所ではないことを……。

←遠くに見える陸地には、航祐たちの街にある給水塔が確認できる。見慣れた建造物が見えてホッとする一同だったが、安心するのはまだ早かった

「二人で話してたんだ。航祐の誕生日にサプライズしようって」

←航祐が受け取るべきカメラを、ずっと渡せなかった夏芽。だが、ようやく安じいの希望を叶えることができて、重い肩の荷が下りたことだろう

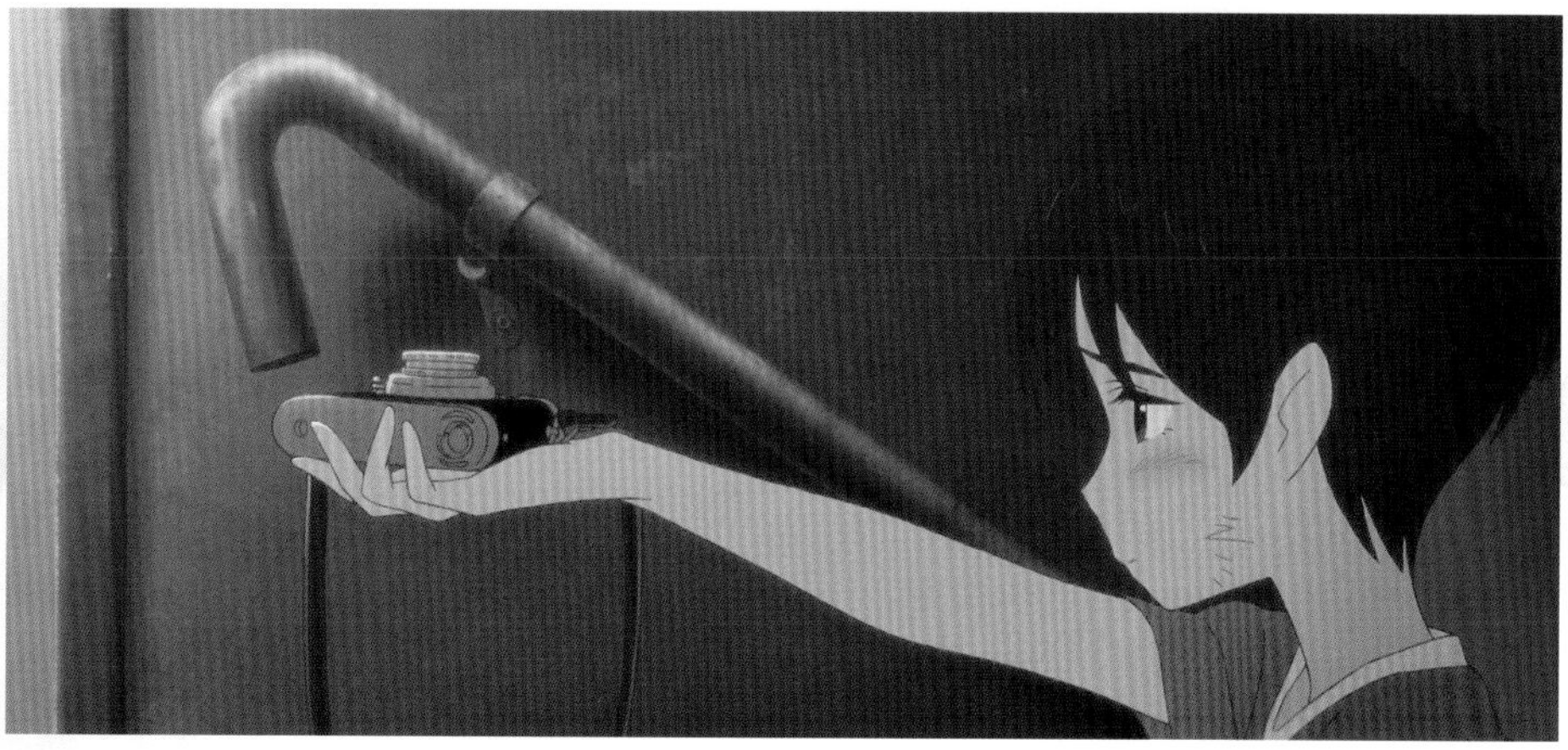

古びたカメラに込められた安じいと夏芽の想い

まだ安じいが生きていた頃、夏芽と安じいは航祐の誕生日にカメラをプレゼントするサプライズ計画を考えていた。だが、安じいが急逝したのと、航祐との関係が気まずくなってしまったためずっと渡しそびれていた。夏芽はようやくそれを手渡すことができた。

「俺やっぱり怖くないかも……。のっぽってでかいけど、たぶんいいやつだよ」

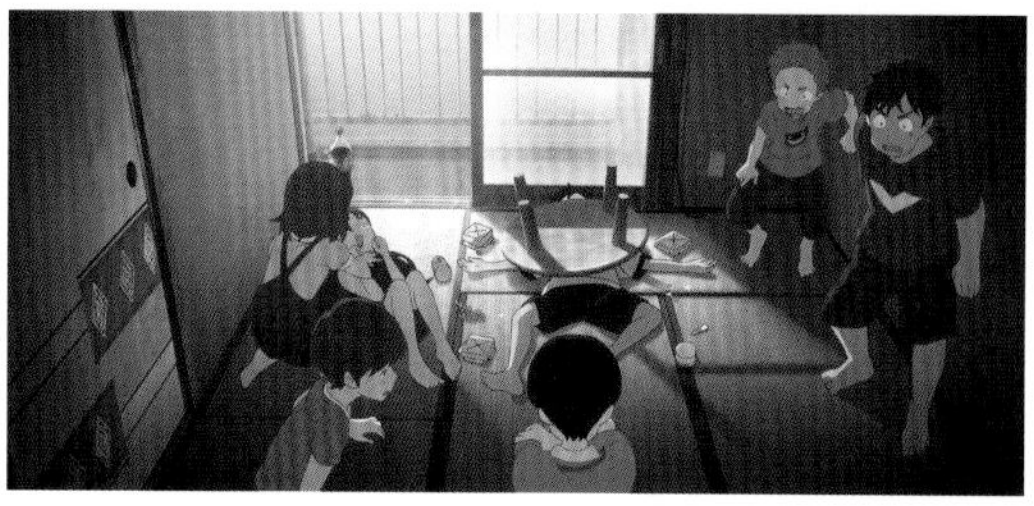

←↑のっぽが何者なのかはよくわからない。しかし、顔をつねれば痛がるのだから、自分たちと同じはず。そんな太志の考えは、意外と的を射ていた

人ならざる者であるのっぽを受け入れる子供たち

のっぽが人間ではないと知った航祐は、自分たちがこの海に来たことと何か関係があるのではと考えはじめる。だが、太志の「たぶんいいやつだよ」という言葉で疑うのをやめた。知り合って間もないが、太志の言う通り悪いやつではなさそうだからだ。

Chapter 6

回想：
見舞いの日の出来事

あれは航祐の誕生日であり、最後に航祐と夏芽が安じいの病室にお見舞いに行った日のこと。夏芽と航祐は安じいの病状が思わしくないのを察しており、そう遠くないうちに別れが訪れることを予感していた。安じいが臥せっている姿を見て予感が確信に変わるのが恐くて、病室のドアを開ける手が止まってしまう夏芽。同じ想いを抱える航祐は、夏芽を励まそうと「お前のじいちゃんじゃないんだし、そんなにビビんなよ～」と声をかけた。しかし、その言葉を聞いた夏芽は表情をこわばらせて、駆け出して行ってしまう。

両親の離婚で父親がいなかった夏芽は、自分を実の孫のようにかわいがってくれた安じいのことを本当の家族のように慕っていた。しかし、航祐の何気ない一言はそんな夏芽の想いを否定して突き放してしまったのだ。これがきっかけで夏芽は航祐を避けるようになり、二人の間に深い溝ができてしまった。

「私にとって、お父さん代わりだったのかな」……

↓→自分にとって安じいはお父さん代わりだった——。夏芽は幼なじみの航祐には言えないようなことも、のっぽになら打ち明けられた

←安じいは自分を喜ばせようと思って、ぬいぐるみをサプライズでプレゼントしてくれた。いつもやさしさとあたたかさをくれた安じいのことが、夏芽は大好きだった

Point

安じいからもらった大切なぬいぐるみ

夏芽が手にしているぬいぐるみは、昔、安じいに買ってもらったもの。幼い頃ずっと欲しかったけれど、家庭不和を抱えた両親には言い出せず、ずっと我慢していた。しかし、安じいはそんな夏芽の気持ちを察して、誕生日にプレゼントしてくれたのだ。今では夏芽の大切な宝物となっている。

↓→夏芽を深く傷つけた航祐は、安じいに強く叱られた。しかし航祐はあの時からずっと夏芽に謝る勇気を持てず、安じいに顔向けできないでいた

「早く！
謝ってこい!!」

ふとした一言ににじみ出た航祐の想い

航祐も夏芽に負けないくらい安じいのことが大好きだった。それなのに安じいは他人である夏芽を、実の孫である自分と同等以上にかわいがった。航祐からすると、大好きな祖父を夏芽に取られた、という気持ちが少なからずあったのだろう。そんな想いの片鱗が「お前のじいちゃんじゃないんだし――」という言葉を通して夏芽の心をえぐったのだ。

↑団地の屋上に生えている雑草をおもむろに食べはじめる珠理。食糧不足に備えて、食べられる草がないか彼女なりに対策を考えている

「夏芽ちゃんにとってはここが、
思い出の詰まった
大切な場所なんだと思うよ」

人の心の機微をとらえる珠理の鋭い洞察力

この団地は夏芽が安じいや航祐と過ごした大切な思い出が詰まっている。言葉や行動の端々から、夏芽のそんな想いを珠理は敏感に感じ取っていた。いつも令依菜のうしろにいる珠理だが、繊細な人の心の機微をとらえる洞察力と、その想いを尊重する優しさをもっているのだ。

←↑令依菜は航祐以外の人間に対してはキツい態度をとりがち。しかし、珠理は素直になれない令依菜の気持ちも汲み取って接している

Chapter 7

デパートで垣間見た
夏芽の辛い過去

はるか遠くに見える陸地は一向に近づかず、助けがやってくる様子もない。このまま待っていても無駄なのでは……と、子供たちの顔に不安と焦りの色が浮かぶ。そんな折、今度は遠くから大きなデパートが流れてくるのが見えた。心もとなくなってきた食料を探すため、航祐と夏芽、そしてのっぽの３人はイカダに乗ってデパートへ探索に向かう。

荒廃したデパートで食料を探すうちにおもちゃ売り場へ辿り着いた夏芽の脳裏に、昔の記憶がよみがえる。夏芽は幼い頃、誕生日のプレゼントを買ってもらうために両親とこのデパートを訪れた。だが、プレゼントを選んでいる最中に両親がケンカを始め、楽しいはずの夏芽の誕生日は台無しになってしまったのだ。

苦い思い出にとらわれていたその時、太志から緊急連絡が入る。流れてきた別の建物が、デパートに急接近していたのだ。窮地に立たされている航祐たちを、激しい衝撃が襲う。

「ここ……嫌いだった」

←遠くに見えるデパートは、以前の市営プールよりも大きく、探索も手間がかかる。そこで今回は三人一組で探索に臨むことに

Point

荒廃したデパートの様子に
漂いはじめる絶望的な空気

いつ帰れるかわからない以上、食料はたくさんあるに越したことはないし、デパートならば市営プールよりも食料がたくさん残されている可能性がある。だが、航祐たちが降り立ったデパートはひどく荒廃しており、食料が残されている可能性は限りなく低そうに見えた。

↑→デパートに残されていたのは、いまから６年前のチラシ。つまり６年もの間、この海を漂流していたということか……？　航祐たちの心に絶望が広がっていく

「小さい頃、誕生日プレゼント買いに来たんだけど
お母さんたちがここでケンカしちゃって……」

→人気のないフロアに埃をかぶったまま放置された数々のおもちゃ。彼らも夏芽たちと同じ漂流者なのだろうか……

楽しいはずの場所に残る夏芽の悲しい記憶

まだ両親が離婚する前、家族3人で出かけた夏芽たち。普段はケンカばかりしているが、夏芽の誕生日くらいは楽しく過ごすはずだった。それなのに、両親は夏芽に目もくれずに口論を始めてしまう。そんな過去があるせいか、夏芽はこのおもちゃ売り場が嫌いになってしまった。

→3人がデパートにいる間に、無数の建物が流れてきていた。やがてそれらはデパートや団地に次々に激突。老朽化した建物は悲鳴を上げて崩れていく

「なんだ!?
あれって、子供……？」

おもちゃ売り場に現れた少女の幻影は……

デパートから脱出を急ぐ航祐たちは、おもちゃ売り場が不思議な光に包まれるのを目にする。やがてその光は、泣いている少女の形を取りはじめた。航祐は奇妙な現象に驚き戸惑うが、夏芽はその少女が誰なのか瞬時に理解した。それは誕生日が最悪なものになり、泣きじゃくる幼い日の彼女自身だった。

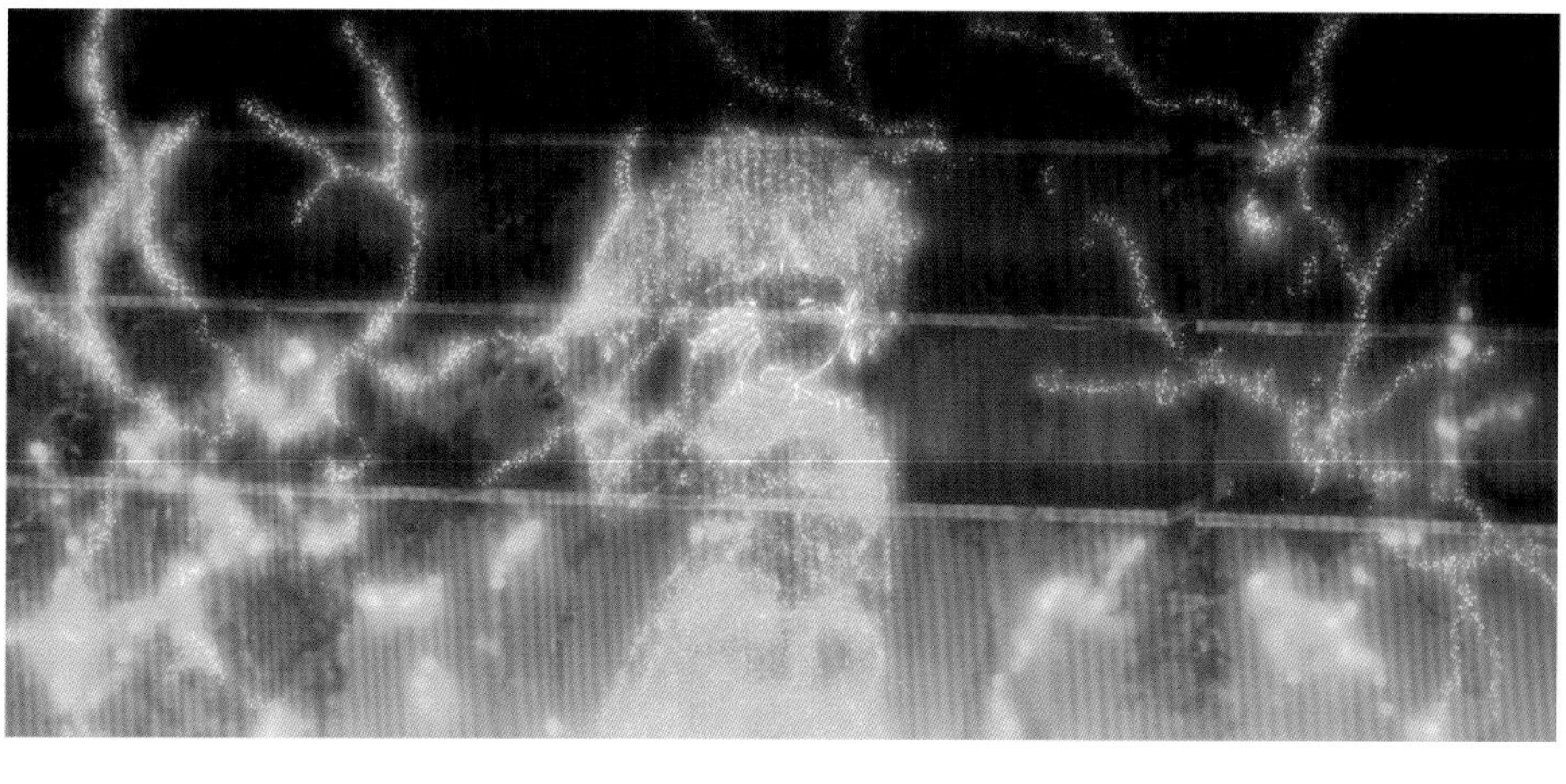

Chapter 8

団地とデパートが衝突！
珠理が昏睡状態に

急接近したデパートと団地が激しく衝突し、団地もデパートも大きく破損してしまう。沈みはじめたデパートから脱出を急ぐ航祐たちは、イカダに結んだロープを譲に引いてもらって団地へ帰還しようとする。

だがその時、屋上で周囲の警戒にあたっていた太志が、建物が激突した衝撃で海面に落ちそうに。令依菜と珠理が助けに向かって事なきを得たが、今度は足元の床が崩れた珠理が危険にさらされる。その様子を下から見ていた夏芽は、壁面の壊れた箇所を伝って助けに向かった。瓦礫につかまって耐えていた珠理が力尽きて落ちる瞬間、夏芽は間一髪のところで珠理の腕をキャッチして階下の床へ放り投げるが、その際に頭を強く打った珠理は昏睡してしまう。

一方、海に落ちた夏芽は海底からわき上がってきた黒いもやに捕まる。航祐とのっぽのおかげで夏芽は救出されるが、のっぽは左足をもやに侵食されて失ってしまうのだった。

「もう限界よ！　どうせ私たち……
もう帰れないんでしょ！」

←↑太志が落としたトランシーバーを拾おうとした珠理。その瞬間、突然足元が崩落。このまま落ちたら、珠理は荒れた海に流されてしまうかもしれない

↑大人のフリークライマー並みのスピードで崩れた壁面をつかんで登っていく夏芽。身体能力は６人のなかでダントツのトップだろう

Point

珠理を助けるため夏芽が見せた素晴らしい身体能力

珠理のピンチを見て、助けに向かった航祐たち。そのなかで一番速かったのは夏芽だった。崩れた壁面をするすると登り、落下中の珠理の腕をキャッチした身体能力は驚嘆に値する。結果的に珠理はケガを負ってしまったが、夏芽が助けに向かわなければさらに悪い結果が待っていたに違いない。

「のっぽくん！」

←↓のっぽの左足はもやに侵食され、コンクリートと鉄筋がむき出しに。この事実は、彼が人間ではなく、団地の化身のような存在であることを示している

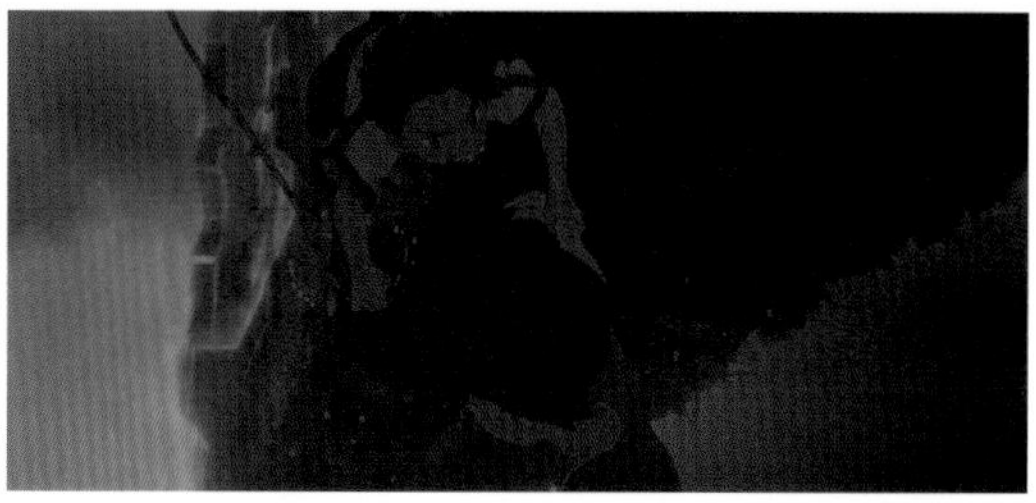

黒いもやにつかまって のっぽが左足を失う

海の底からわいてきた黒いもやは、とらえたものを分解する性質があるらしい。夏芽と一緒に海に落ちたぬいぐるみはもやにとらわれると、まるで消化されたかのように溶けてしまった。もし、のっぽも、もやをふりほどけなかったら、左足だけでなく全身も消化されていたかもしれない。

「珠理は……
珠理は私の親友なんだよ！
なのに、あんたが！」

親友の珠理が重傷を負って 令依菜の感情が爆発

親友の珠理が重傷を負い、令依菜はいままでため込んでいた不安やストレスが爆発。珠理がケガをしたのは、不慮の事故だということは令依菜にもわかっているはず。それでも、あふれ出る感情をどう処理していいかわからず、夏芽に怒りをぶつけてしまう。

Chapter 9

窮屈な家庭環境下で
夏芽が抱えてきた想い

助けたはずの珠理に大ケガを負わせてしまったことを悔やむ夏芽は、こっそりベランダで泣いていた。航祐は落ち込む夏芽を慰めようとするが、夏芽は「航祐はいじけてたら安じいになんでも買ってもらえたもんね」と、わざとらしく食ってかかる。航祐は夏芽が強がって虚勢を張っていることを察し本音を引き出そうとする。沈黙のあと夏芽はぽつぽつと自分の想いを語りはじめた。

両親が不仲で家庭環境に恵まれなかった夏芽は、いつも何かを我慢していた。ワガママで親を困らせるよりも、我慢するほうが楽だったのだ。両親の離婚後、夏芽は団地で安次の家に預けられる。安じいはそんな夏芽の想いを受け止めかわいがってくれた。航祐や安じいと過ごした幸せな日々があるからいまの自分があるのだと、笑顔を浮かべて話す夏芽。だが航祐には、その表情は昔の夏芽の「すべてをあきらめた顔」のように見えてしまった。

「もうなんにも欲しがらないようにしてた。そのほうが、楽なのかなって……」

↑→学校で嫌なことがあった時。親がいなくて寂しい時。安じいは泣きたい気持ちをいつもやさしく受け止めてくれた

↑→夏芽の誕生日も、食卓が乱れるぐらい激しくケンカ。夏芽の小さな心は、辛い日々のなかで壊れかけていた

Point

家庭不和のなかで夏芽は「我慢してしまう子」に

誕生日にプレゼントがほしいという気持ちも、両親に離婚してほしくないという想いも、全部胸の奥に押し込めてきた夏芽。本当は泣き虫な夏芽だが、泣いてもどうにもならないと悟った彼女は、やがて辛いことや嫌なこと全部を我慢して上辺を取り繕うようになっていった。

→初めの頃は安じいに遠慮がちだった夏芽。しかし、安じいの大らかな人柄に触れるうちに、夏芽はすぐになついてしまう

「こっちのほうが
本当の家族っぽいのかなって……
思ったくらいだもん」

安じいが夏芽にくれた「本当の家族」の温もり

夏芽の母・里子は夫と離婚したあと、仕事で家を離れることになった。航祐の母・靖子は里子の旧友だったため、夏芽を預かることに。安じいや航祐と穏やかで楽しい日々を過ごすうちに、夏芽の心に実の家族と育むはずの「家族愛」が芽生えていくのだった。

「私はもう平気だからさ。
自分のことは自分でなんとかするし！」

夏芽の孤独を癒してくれた安じいや航祐と歩んだ日々

どんなことでも話せるし、我慢せず泣いてもいい。そんな当たり前のことが、夏芽にとってどれだけ嬉しかったことか。夏芽の本当の気持ちに触れた航祐にも伝えたいことがあった。あの時、ひどいことを言って傷つけたことを謝りたかった。だが、航祐は勇気が出せず、口をつぐんでしまう。

↑安じいを亡くした夏芽は、別れを受け入れることができなかった。我慢すればするほど苦しくなった彼女は、安じいの部屋に忍び込むようになった

Chapter 10

のっぽが語る真実
イカダでの団地脱出

もう無理しなくていい。人に頼っていい。夏芽に航祐がそんな言葉をかけようとした時、ドスンという衝撃が。慌てて海面を見ると、流されてきた無数の建物や瓦礫が団地に衝突していた。そしてどこかに穴があいたのか、団地が沈みはじめていた。こんな状況下で一人姿を見せないのっぽを、航祐は不審に思い、探し出して詰め寄る。するとのっぽは、少しずつ自分の秘密を語りはじめた。

団地の人々を見守ってきたのっぽは、航祐と夏芽の笑顔が大好きだった。そして二人が団地を去った時、もっと一緒にいたいという未練が生まれた。そのせいで、本来は自分一人で来るはずだったこの海に、無意識のうちに彼らも連れてきてしまったのだろう、と。

帰り方はのっぽにもわからないが、完全に水没するまでは多少の猶予はある。その間に全員が乗れる大きなイカダを作るしかない。子供たちは脱出に向けて行動を開始する。

「僕は君たちの笑顔が本当に好きだったんだと思う」

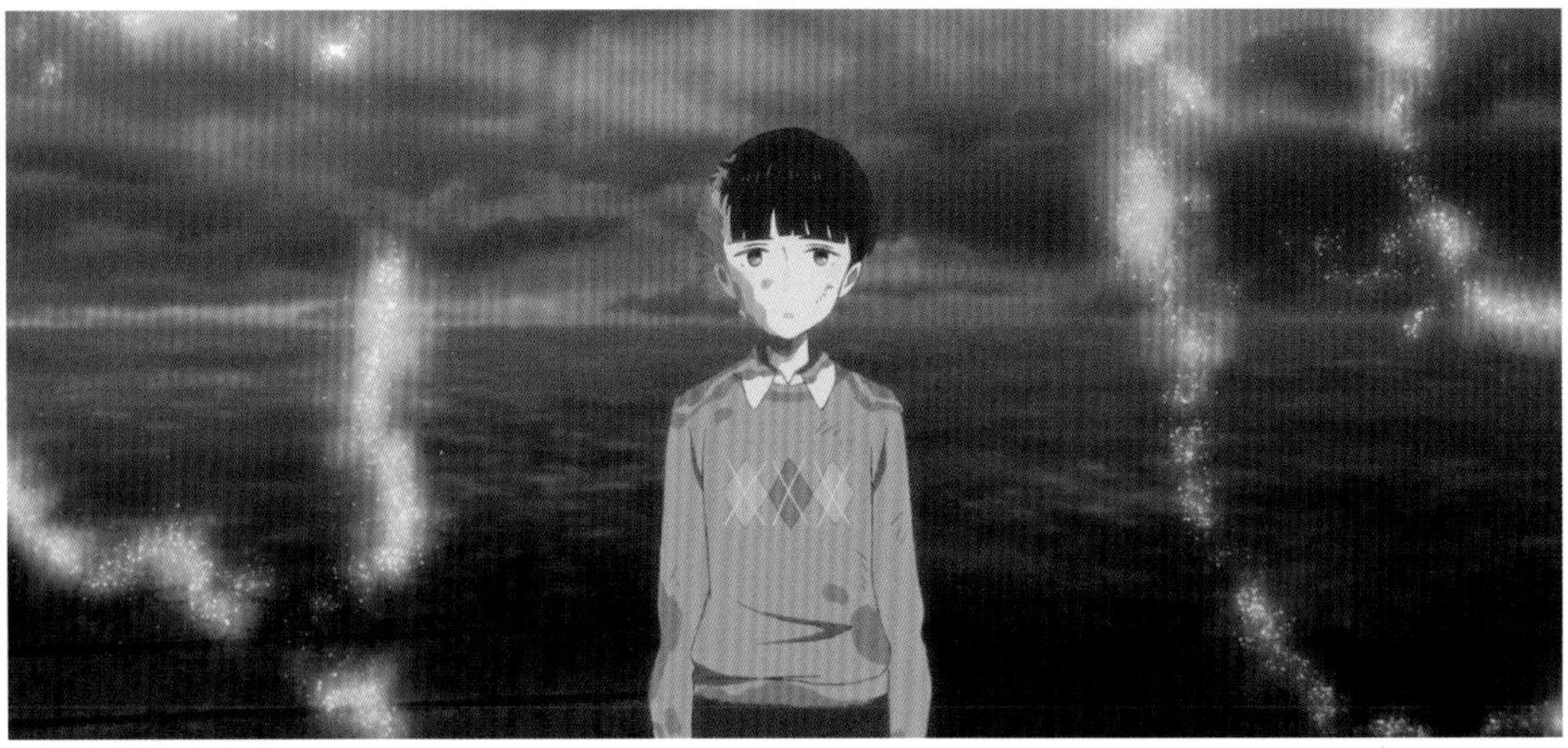

←↑航祐たちがデパートで見た光が、奔流となって夜空を彩る。その光景を見上げながら、航祐のなかでこのままでは帰れないのでは……という不安が膨らんでいく

Point

団地に穴が開いて浸水
急遽迫られる決断

建物の衝突で始まった浸水はおさまらず、徐々に居住スペースにしていた404号室へと迫ってくる。このままでは近いうちに団地全体が水没し、みんなおぼれ死んでしまう。どうしたらみんな助かるのか、子供たちは激変する状況に追い詰められる。

↑デパートとの衝突で、団地は大きなダメージを負っていた。もはや団地が自然に陸地へ流れ着くのを待っている場合ではなくなった

↑「もう許してよ……」とのっぽに懇願する令依菜。のっぽも彼らを助けたいが、どうにもできずにいた

「この海は、きっと僕だけが来るはずの場所だったんだよ」

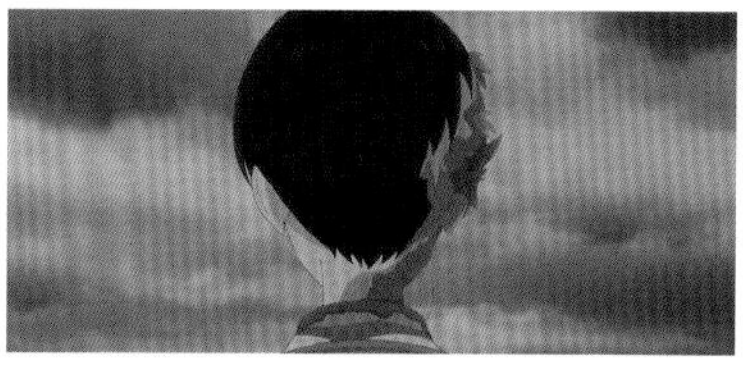

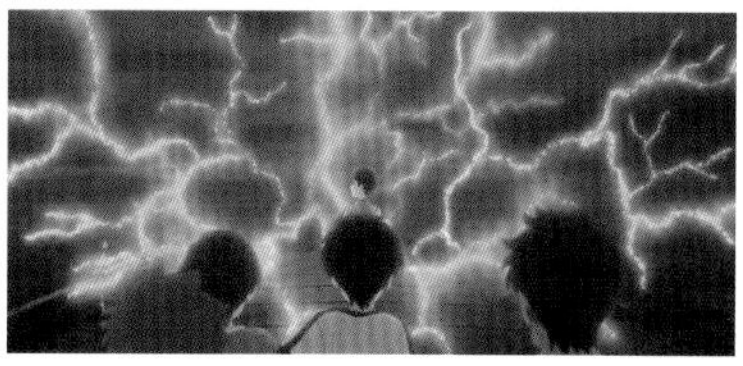

切羽詰まった状況下で昏睡していた珠理が目覚める

この世界からの脱出方法がわからず、のっぽも戸惑っていた。だが、絶望感に打ちひしがれる子供たちに、希望の光が差す。昏睡していた珠理がついに目覚めたのだ。珠理の姿に勇気を得た子供たちは、意を決し全員が乗れるイカダを作りはじめる。

←目を覚まして屋上へやってきた珠理の姿を見て、令依菜は安堵して泣き崩れる。いつも強がっていた令依菜が弱さを見せた瞬間だった

←空き部屋から使えそうな浴槽を取り外し、急ピッチでイカダを組み上げていく子供たち。夜を徹した作業で、脱出の準備は着々と進んでいく

「一緒に帰れないなら私はここから出たくない……」

脱出の時を前に渦巻きはじめる夏芽の葛藤

準備を進めながらも、夏芽の表情は浮かない。のっぽのせいでみんながこの海に迷い込んだのなら、のっぽが一緒ではこの世界から抜け出せないのではないか。そんな令依菜の言葉はおそらく的を射ている。だが、夏芽はのっぽを置いていきたくないと言いはじめ……。

Chapter 11

夏芽とのっぽが団地に残る

　急ピッチで作成が進められていた新しいイカダは、団地が沈没する前になんとか完成した。荷物も詰め込み終わっていよいよ脱出の時、自分以外の子供たちがイカダに乗ったのを見届けたのっぽは、自分はこのまま団地に残ると告げる。突然の別れに驚く子供たちだったが、荒れた海に流されて、イカダは団地からどんどん遠ざかっていく。

　その時、夏芽はとっさに海へ飛び込み、のっぽがいる団地に向かって泳いでいく。夏芽を連れ戻そうと航祐は懸命に泳ぐが、高波に阻まれて先に進めない。やがて、力尽きておぼれそうになった航祐は譲に助けられるが、夏芽とのっぽを乗せた団地は霧雨に飲みこまれて見えなくなってしまった。

　団地から離れた子供たちはたとえ家に帰れたとしても、そこにもう夏芽はいない……。悲しみに暮れる航祐の背後から、ゆっくりと大きな影が近づいてくる。

「僕はこのままいくよ。だから、ごめん」

↓→団地の浸水は進み、もはや一刻の猶予もなくなってきた。団地の崩壊にあわせるかのように、のっぽの身体も風化が進んでいる

←↑航祐をイカダに突き飛ばし、イカダを蹴って遠くへ追いやるのっぽ。子供たちを助けるには、この方法しか思いつかなかった

Point

みんなを裏切って団地に残ったのっぽの決意

　みんなで協力して脱出準備を進めるなか、のっぽの胸中にはある想いがあった。役目を終えた建物が流れつくこの海を、自分は一人で行くのだと。のっぽの想いを知れば航祐と夏芽は必ず止める。だからのっぽは最後まで黙っていたのだ。

「お別れなんて……もう嫌だよ!!」

のっぽを追いかけて団地へ向かった夏芽の心情

大好きだった安じいも、あの団地も、大切なものはいつも夏芽から離れていってしまった。そのうえ、のっぽともお別れなんてしたくない——。のっぽを連れ戻そうと海に飛び込んだ夏芽の行動は、そんな失うことへの恐怖に突き動かされた衝動的なものだった。

↑のっぽがいる団地に泳ぎ着いた夏芽と、航祐たちがいるイカダの間に吹き荒れる嵐。そのため夏芽はイカダへ戻れなくなってしまう

「夏芽……このまま帰っても……あいつがいない」

←↑もはや懐かしさを覚えるような家族の姿に、子供たちは涙を流す。その背後には我が家も見える

わが家への帰還を目前に、悲しみに包まれる航祐

日が沈み、悲しみにくれる航祐。そこに不思議な光があらわれる。見えたのは、彼らの帰りを待つ家族の幻影。各々が帰れるという実感に包まれる一方で、航祐は夏芽の存在が永遠に失われてしまうことを予感し、彼女の名を叫び泣く。

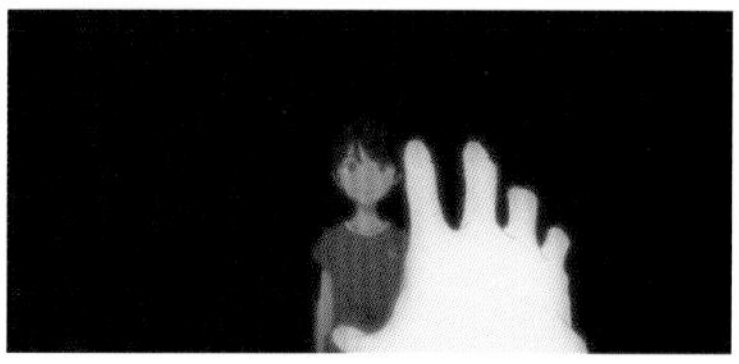

Chapter 12

嵐を抜けろ！
団地救出大作戦

もう元の世界にも戻れないかもしれない。しかし、自分は母の足枷になっていたかもしれず、航祐と安じいの間に入り込んだ邪魔者でしかない。そんな自分はいなくなったほうがいい。夏芽は自分に対する絶望とともに、世界から消えることへの恐怖に震えていた。

その時、遠くから夏芽を呼ぶ声が聞こえてくる。観覧車に乗った航祐たちが、嵐を越えて追いかけてきたのだ。航祐はロープを伝い団地へ戻る。そして観覧車で出会った不思議な少女の助けを借りた子供たちは、沈みゆく団地をワイヤーで引っ張り上げ、のっぽさえも助けようとする。

身体ごと吹き飛ばされそうな嵐に翻弄されながら、子供たちは奮闘。しかし、ワイヤーをつないでいた滑車が壊れ、団地は暗い海のなかへと飲み込まれていく。もう二度と離れないよう強く支え合う航祐と夏芽。その時、二人を抱き寄せたのっぽの目に、強い意志の光が宿った。

「のっぽなんかよりなぁ！
俺のほうが夏芽と一緒にいたいんだよおぉ!!」

↑→まばゆい電飾で闇を照らしながら、嵐の海を突き進む観覧車。団地に追いついた航祐は、ロープを使って移動する。漂流生活でかなり上達したようだ

↑→観覧車から落ちかけた令依菜を助けたのは、風化した観覧車の少女。小さい頃、何度も自分に乗ってくれた令依菜に、観覧車の少女はやさしくほほえみかける

Point

救いの手を差し伸べた
漂流観覧車の少女

航祐たちが乗り込んだ観覧車にはのっぽと同じ「建物の精」である少女の姿があった。彼女は幼い頃の令依菜が父と何度も観覧車に乗ってくれたことを覚えていてくれた。観覧車の少女は子供たちに手を貸して、団地が流されないように力を尽くした。

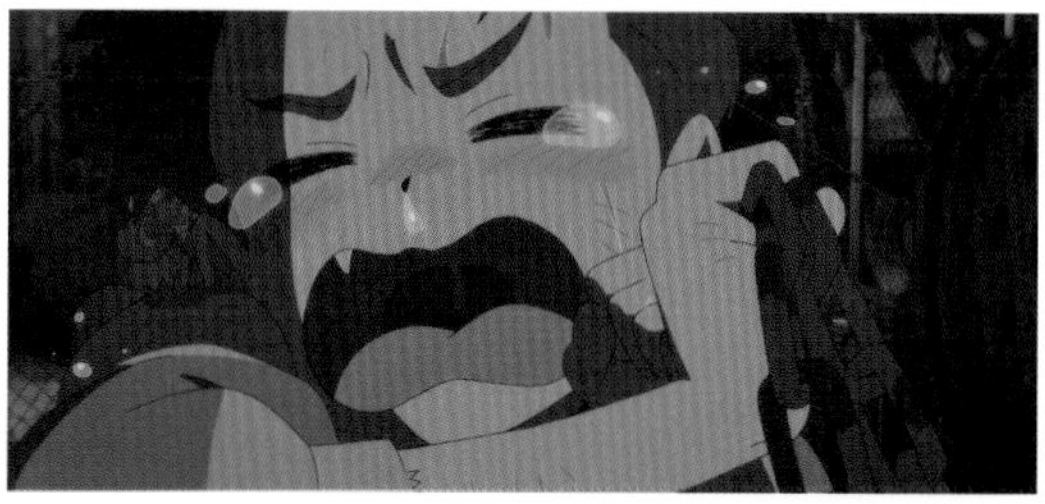

「俺たちでこの嵐を抜けるぞ!」

↑全員が一丸となって夏芽とのっぽの救出作戦を決行。観覧車は各所が破損しながらも、懸命に嵐にあらがう

ようやく夏芽に伝えられた航祐の素直な気持ち

かつて航祐は夏芽が隠れて泣いていたのを知りながら、手を差し伸べられなかった。精神的に幼い航祐は、夏芽と正面から向き合えていなかったのだ。だが、ついに航祐は、のっぽよりも自分のほうが夏芽と一緒にいたい気持ちは強いのだと、自分の気持ちをありのままに夏芽に告げる。

「だけどこの子たちは——
夏芽と航祐は生きてるんだ。
生きて笑っていてほしいんだ!!」

→海を漂うものを無に帰していく黒いもやが3人を取り囲む。絶体絶命のピンチに陥っても航祐と夏芽はお互いを支え合おうと奮闘するのだった

航祐と夏芽を救いたいのっぽの願い

立っていられないほどの嵐の中でも、航祐と夏芽の目に迷いや恐怖はない。再びかつてのような強い絆で結ばれ、絶望に立ち向かおうとする二人。のっぽはその姿を見て、自分はどうなろうと彼らを救いたいと強く願った。その時、奇跡が起こる。

Chapter 13

のっぽとの別れ そして帰路へ

航祐と夏芽を救いたいというのっぽの強い願いは、強い光となって黒いもやを打ち払う。そして光の弄流に導かれるままに、団地は嵐を抜けていく。

穏やかさを取り戻した海の上で合流した子供たちは、団地の上で無事と再会を喜び合う。やがて団地は大きな島へとたどり着く。どうやらそこは、老朽化して役目を終えた建物たちが最期に帰る安息の地のようだった。

ここから先に行けば、君たちは元の世界へと戻れなくなる。だから一緒には行けないと告げるのっぽ。それを聞いた夏芽は大切な思い出が詰まった団地と、そしてのっぽと別れることをついに受け入れる。団地という居場所がなくなっても、夏芽には航祐という支え合える存在がいる。彼らの成長した姿を見届けたのっぽが島へ降り立つと、子供たちを乗せた団地は島を離れ、元の世界へと帰っていくのだった。

「一緒に帰ろう、夏芽」
「うん。航祐」

↑「いっぱい遊んでくれて、愛してくれてありがとう」。観覧車の少女は令依菜に感謝の言葉を伝えると、帰るべき地へ向けて旅立っていった

Point

観覧車を導いたのは令依菜のあたたかな思い出

これまで数々のテーマパークを訪れてきた令依菜。その中でも一番好きなのは、父と訪れた八島《やしま》遊園地の観覧車で、父にねだって何度も乗せてもらったという。観覧車の少女が令依菜のもとに駆け付けたのは、自分を愛してくれた令依菜を助けたいという一心だったのだろう。

↑→誰も望まない形で去ろうとしたのっぽのことを、誰もとがめることはしなかった。みんなを救おうと思っての行動であると理解していたからだ

「僕らと来れば、君たちは戻れなくなる。
だから、一緒には行けないんだ。ごめんよ」

→苦難に満ちた旅を乗り越えたのっぽを、建物の仲間たちがあたたかく出迎える。のっぽもここが自分の居場所だと本能的に悟る

役目を終えた建物たちは光あふれる安息の地へ

海を行く団地の前に現れた大きな島。光に満ちたその地には、よく見るとのっぽと同じく身体が風化した少年少女たちの姿がたくさん見える。古びた建物たちは海を渡って、やがてここに辿り着く。この地で彼らは、どんな時を過ごすのだろうか。

「私は大丈夫だって！
航祐と一緒に頑張るから!!」

←航祐と夏芽が寄り添い、支え合う姿を見届け、のっぽは心からの笑顔で別れを告げる

子供たちは成長し故郷の街へ

食料が不足して飢えに苦しんだり、団地が沈みかけたり、お互いの気持ちがすれ違ったり……。振り返れば苦難に満ちた旅だった。しかし、それらを乗り越えて心をつなぎ止めた子供たちは、みな精神的に階段を一段登ったはずだ。彼らはあふれる思いを胸に、この不思議な世界に別れを告げた。

Chapter 14

帰還した子供たち
その後の二人

空高く舞い上がった団地が光に包まれた直後、子供たちの周囲には元の世界の見慣れた光景が広がっていた。彼らは海の上の団地であれほどの出来事を経験したのに、街は何事もなかったかのように変わっていなかった。旅が終わったことを実感しながらも、言いしれない現実味のなさを覚えて、子供たちはそれぞれの帰路についた——。

あれから数週間後。団地での漂流生活はまるで夢の中の出来事のようで、誰もうまく説明できず、うやむやになっている。それでも残ったものはたしかにある。航祐と夏芽は以前のような絆を取り戻し、一緒に過ごすことが多くなった。また、これまで母親に遠慮しがちだった夏芽は、少しだけ甘えられるようになった。のっぽとの出会いと漂流生活があったからこそ、いまの関係性がある。しかし、ここが終着点ではない。航祐と夏芽の絆は、ここからより強く深くつながっていくことだろう。

「あの団地であったことは本当なんだ」

↑夏芽はずっと休んでいたサッカークラブへ再び顔を出すように。持ち前の運動神経と、素直な笑顔が輝いている

Point

日常に戻っても
ふと感じる一抹の寂しさ

夏休みが終わって２学期が始まった。夏芽が以前のように上辺を取り繕った笑顔を浮かべることはなくなり、安じいが亡くなる前のような明るさを取り戻した。すべては順調だが、この世界にはもうのっぽはいない。子供たちはいままでの無邪気なままではいられないような、胸の奥のつかえを感じる。

↑→解体工事が進む団地を見ると、のっぽのことを思い出す。彼はあの場所でいまも元気にしているのだろうか

←里子は仕事の忙しさにかまけて、夏芽の気持ちに気づけなかった。これからはもっと親子の時間を大切にしようと決意した

「私……お母さんと一緒にいてもいいの……かな？」

やっと再会できた母と夏芽のささやかな約束

再会した母・里子に「私、お母さんと一緒にいてもいいのかな？」と問う夏芽。いままで自分に遠慮して甘えられなかった娘の想いを受け取り、里子は夏芽を抱きしめる。そして、夏芽は最初の甘えとして、デリバリーでなく一緒に料理をしたいと、母と約束するのだった。

↑航祐が安じいから受け継いだカメラには、みんなと撮った写真が残っていた。のっぽも写っている。あの旅が夢じゃなかったことを示す証拠だ

「じいちゃん。俺たちの家はすげえ家だったんだよ」

←↓夏祭りの日、航祐の新居に夏芽と里子が訪れ、一緒に鍋を囲むことに。こんな楽しい団らんも今後は増えることだろう

わだかまりは完全に消えて強い絆で結ばれた二人

荒れ狂う嵐のなかで、航祐と夏芽はお互いの気持ちをぶつけ合った。あの経験を通して、夏芽は自分の想いを押し込めることをやめ、航祐はそんな彼女と向き合って支えられる存在に成長した。二人の絆があれば、この先待ち受けるどんな困難も乗り越えていけるはずだ。

Selected highlight scene
Kosuke Kumagaya

設定資料集

Check!

夏芽と漂流生活を共にする中で、不器用なりに彼女を理解し、助けようと四苦八苦する。口が悪いのがたまに傷だが、本当は優しい性格の子だ。

熊谷航祐《くまがやこうすけ》

幼なじみの夏芽とサッカークラブでツートップを組んで活躍していた。ずっと暮らしてきた団地の解体や祖父・安次の死に対してなんとなく目を背けている。一緒に暮らしていた夏芽とは姉弟のように仲がよかったが、安次が亡くなってから関係がギクシャクしている。思いやりはあるものの不器用で、人の気持ちには鈍感なツンデレタイプである。

Profile

年　齢	12歳
身　長	140センチ
血液型	A型
その他	サッカークラブに所属

（フォワード、夏芽とツートップ）

「いつかは絶対助けが来る。脱出が先決なんだからな！」

幼少期

小1　小3

↑年頃の男子だからか、いつもは感情をあまり表に出さずムスッとしているが、驚いた時は少しコミカル。夏芽の気持ちに触れて、頬を赤らめ照れることも

兎内夏芽

となゐなつめ

Profile

年　齢　12歳
身　長　143センチ
血液型　O型
その他　サッカークラブに所属
（フォワード、航祐とツートップ）

航祐の幼なじみ。幼い頃から両親が不仲で、小学１年生の時に離婚。母親同士が親友だったことから、熊谷家が住む団地に預けられることに。とくに自分をかわいがってくれた航祐の祖父・安次を、本当の父のように慕っていた。常に大人の都合の中で自分を抑えて生きてきたため、他人を素直に頼れず、「大丈夫」と気丈に振る舞ってしまいがち。

Check!

人に期待して頼っても、それが裏切られることを怖がり、何も求めずに一人でいる夏芽。航祐の助けを借りて、母の待つ家に帰ることができるのか。

「私が二人の間に入っちゃってさ。家族でもないのに……ごめんね」

幼少期

小3　小1

↑表面上は明るく、元気な印象の強い夏芽だが、航祐たちと一緒に暮らしていた団地や安次への想いを断ち切れず、表情に暗い影を落とすことも。我慢強い分、時として感情を爆発させてしまう

橘 譲《たちばなゆずる》

航祐や太志といつも一緒の３バカトリオの一人。４人兄弟の長男として妹一人と双子の弟の面倒を見ており、世話好きで我慢強い。他人との「和」を重んじるところがあり、気遣い上手でその場の空気を敏感に読んで揉めごとを収める役回りを担う。だが、まわりに気を遣いすぎるあまり主体性を発揮できず、どうにもならない空気のなかでは弱腰になってしまうことも。

Check!

食料不足や珠理の負傷など、自分の力が及ばない場面では消極的になってしまう。しかし終盤では、窮地でも皆や自分を奮い立たせる強さを見せた。

「これ、やっぱり現実なんじゃないか……？」

Profile

年齢　12歳
身長　145センチ
血液型　O型
その他　サッカークラブに所属（ゴールキーパー）

↑漂流メンバーの中でもっとも大らかで穏やかな譲は、極限状態の中でも他人に怒りをぶつけるようなことはしなかった。やさしげな表情からも、人のよさが伝わってくる

小祝太志

こいわいたいし

航祐や譲と仲がいい3バカトリオの一人。いつも明るく元気なお調子者で、仲間内では場を盛り上げるムードメーカー的存在となっている。ほかのメンバーに比べて子供っぽいところがあり、遊び心や好奇心が先走り過ぎて迷惑をかけたり、あきれられたりすることも。「おばけ団地探検」の発起人であり、彼が航祐や譲に声をかけたことが漂流体験の遠因となった。

Profile

年　齢　12歳
身　長　120センチ
血液型　B型
その他　サッカークラブに所属（ウイング）

「もうわけわかめ！
これなんかの訓練!?」

Check!

漂流生活が始まっても、遊び半分の気持ちが抜けていなかった。しかし、徐々に追い詰められ、真剣に事態に向き合うようになっていく。

↑太志は航祐や譲と同学年だが、身長が低めなことをのぞいてもひと際幼く見える。怒ったり騒いだりヘコんだりとコロコロ変わる表情は、極限状態でもどこかひょうきんさがにじみ出ている

羽馬令依菜

はばれいな

航祐や夏芽とは違うクラスの女子グループの中心的存在。裕福な家庭で生まれ育ち、容姿にも恵まれ、クラスのマドンナ的存在となっている。父からたっぷり愛情を注がれて育ったせいか少々ワガママなところはあるが、自分にも他人にも正直で素直な性格。航祐に片想いしており、彼と家族ぐるみの付き合いがある夏芽に対して何かと当たりが強くなってしまう。

Profile

年齢	12歳
身長	130センチ
血液型	B型
その他	ソフトテニスクラブに所属

Check!

友達は多いが、心から気を許しているのは珠理だけ。珠理が大ケガを負った際に取り乱したのは、彼女への想いの強さの表れだ。

「男子ってほんと原始人、バカばっか」

↑他人を小バカにしたりにらみつけたりと、性格のキツい部分が表情に出ている。だが、いつも令依菜が強気でいるのは、他人に依存しがちな弱い心を、虚勢を張って隠すためなのかもしれない

安藤珠理

あんどうじゅり

令依菜の幼なじみで、もっとも心を許している親友。昔から何をするにも令依菜と一緒で、いつも彼女のうしろをついて回っていた。どちらかというと消極的で、みんなの中心である令依菜に引っ張ってもらうことが多い。自分に自信を持てないが、人の気持ちをきめ細かに察してアシストし、勝気で先走りがちな令依菜のいいストッパー役となっている。

Profile

年　齢	12歳
身　長	138センチ
血液型	O型
その他	手芸クラブに所属

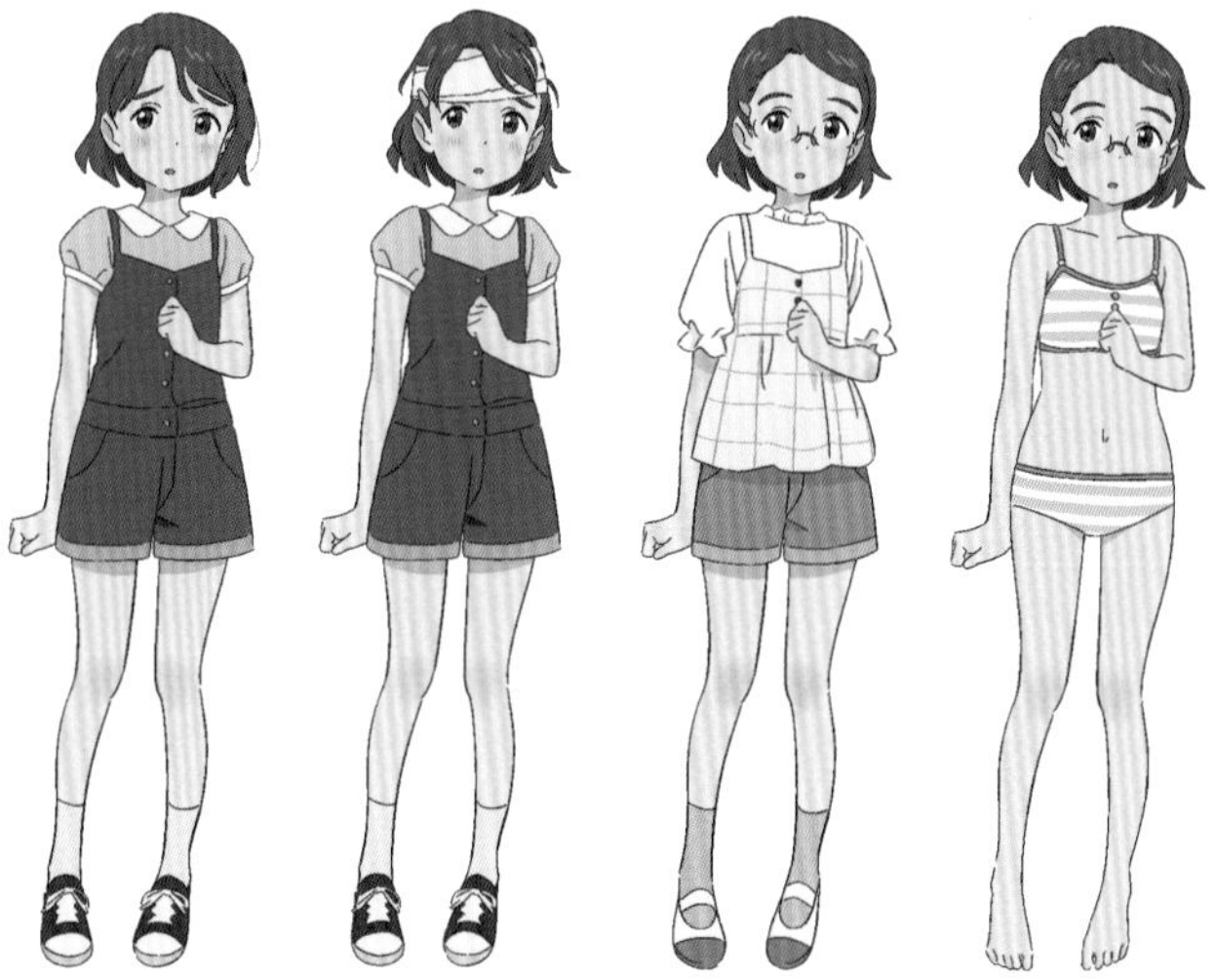

「女は先手必勝
好機は食らいつけ！だよ‼」

Check!

漂流生活のなかで、虚勢を張るあまり周囲と衝突しがちだった令依菜。そんな彼女を優しく、時に厳しく支え、和を保った珠理の功績は大きい。

↑気が強い令依菜とは対照的に、温和な性格の珠理はやわらかい表情が多い。だが、姉からさまざまなことを教わっていて意外とませており、素直な令依菜をいじって喜ぶ一面もある

のっぽ

子供たちが団地内で出会った謎の少年。背が高いため夏芽は「のっぽくん」と呼ぶが、本当の名前はわからない。 正体は、鴨の宮団地に宿る精霊、もしくは化身。住人たちの笑顔を見守ることに幸せを感じていた。口数が少なく表情の変化も乏しいが、一人ぼっちの子供にはやさしく寄り添う。とくに航祐と夏芽が幼い頃から見せてくれていた笑顔を大切に思っている。

「……航祐くんの考え、教えてほしいな」

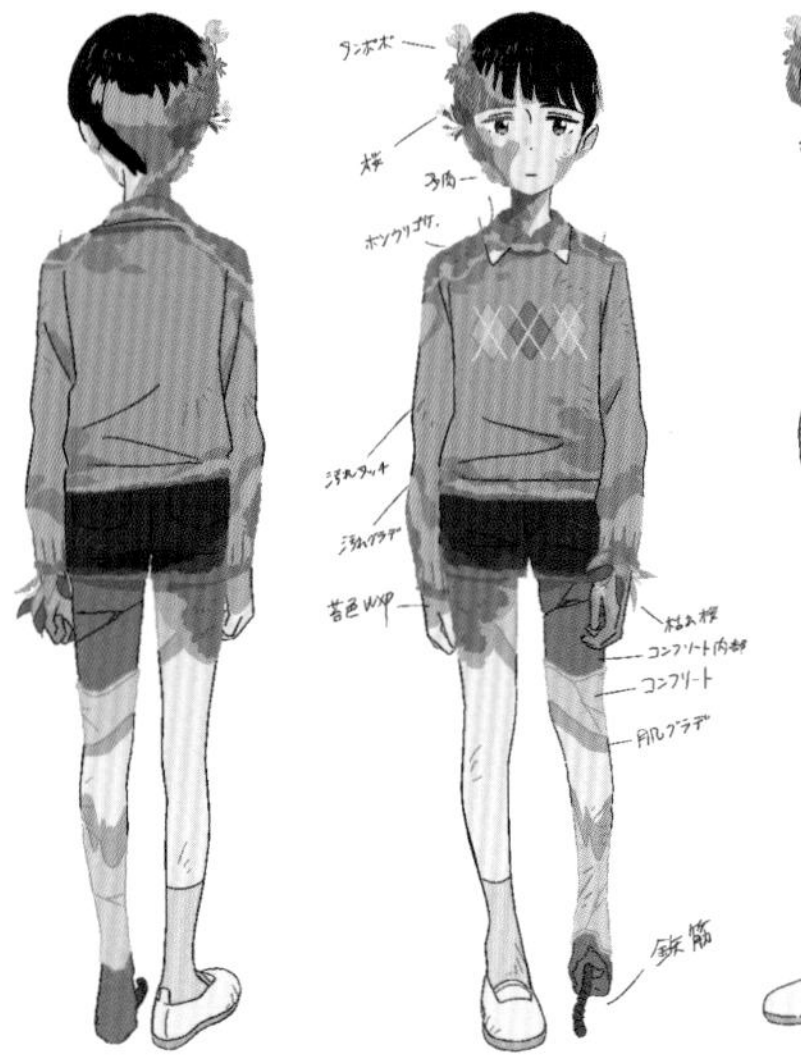

風化した姿

Profile

年　齢	不明
身　長	160センチ
血液型	不明
その他	名前などの詳細が不明

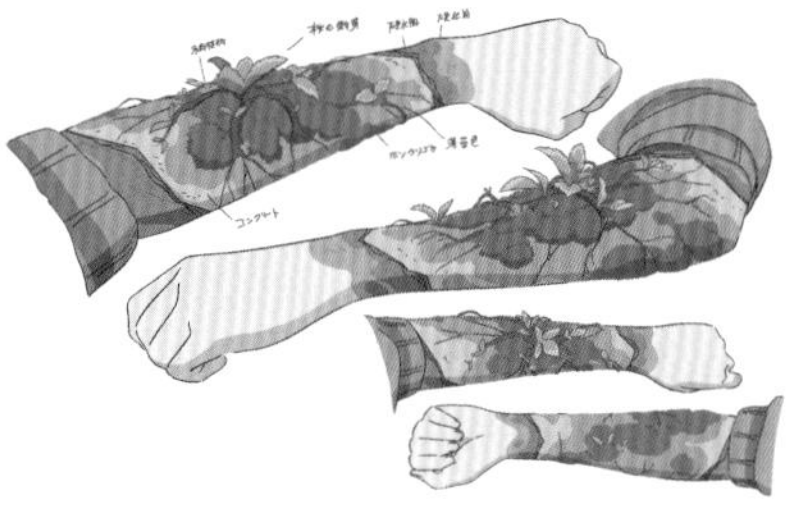

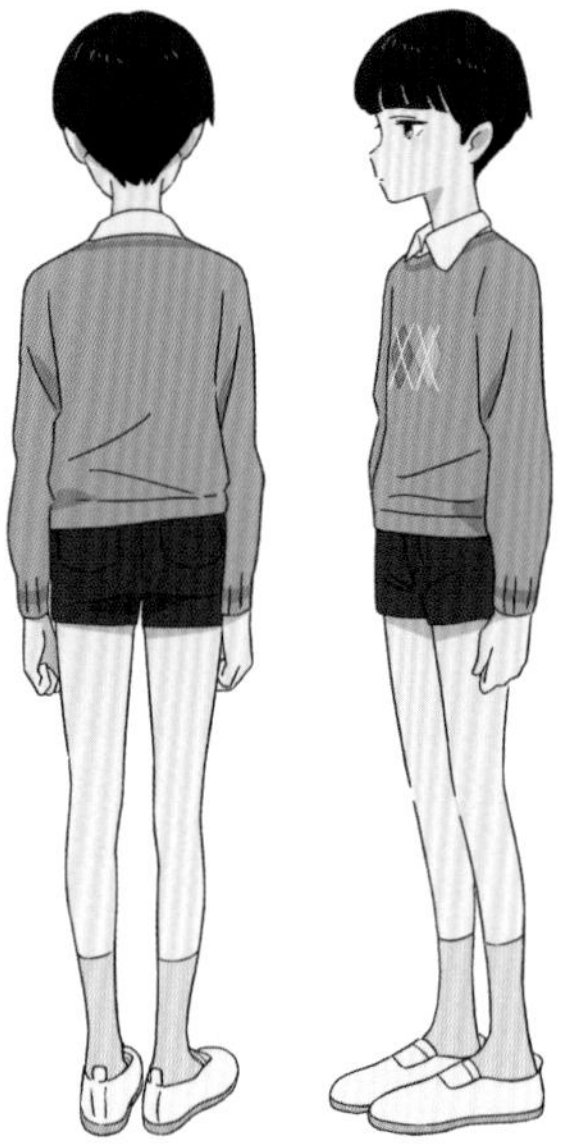

Check!

夏芽たちと会えなくなることへの未練から、彼女たちを不思議な世界に引き込んでしまった。その罪の意識がのっぽにある行動を起こさせる。

↑物静かで整った顔立ちから、育ちのいいお坊ちゃんのような印象。漂流生活が長くなるにつれて、身体の各所が徐々に風化していき、やがて顔や首にも草などが生えはじめる

熊谷安次

くまがややすじ

航祐の母方の祖父で故人。鴨の宮団地ができた時からの住人。航祐たちが住む504号室の下にある404号室で暮らしていた。気さくで愛情深く、子供好き。家庭の不和で傷ついた夏芽を預かり、航祐ともどもかわいがった。デパートの重役を務めていたが、定年退職してからは趣味のカメラや孫の世話に没頭しながら、愛する団地で悠々自適の生活を送っていた。

Check!

航祐と夏芽にはどこまでもやさしく接していた安次。しかし、ふとしたひと言で夏芽を傷つけた航祐を厳しく叱りつけることも。

「こうしてこうして……こうだ！」

Profile

年　齢　72歳
身　長　180センチ
血液型　A型
その他　物語開始時、すでに故人

↑夏芽の両親はケンカばかりしており、娘をかえりみる余裕がなかった。夏芽にとって、自分に愛情を注いでかわいがってくれた安次は、実の父よりも父親らしい存在だった

兎内里子《とないさとこ》

夏芽の母でキャリアウーマンとして重要な役職に就いている。航祐の母・靖子とは服飾系大学時代からの親友。夫と折り合いが悪く、夏芽が小学1年生の時に離婚した。仕事人間であまり面倒を見られないが、夏芽のことを大切に想っている。

↑佇いが夏芽によく似ている。服飾系デザインの仕事をしており、普段着はシンプルなものを好むようだ

観覧車の少女

令依菜が幼い頃、父親とよく遊びに行った八島遊園地にいた、のっぽと同じ存在。観覧車に乗って喜ぶ子供の笑顔が大好きで、何度も乗ってくれた幼い令依菜のことをよく覚えていた。

↑ゆっくり回る観覧車の精霊らしく、おっとりしたやわらかな笑顔が印象的。長い間海を漂流していたのか、のっぽよりも身体の風化が進んでいる

太志の家族

↑父は役所の公務員、母はWebデザインの仕事をしている。姉は中学生だ

譲の家族

↑父は農具メーカーで単身赴任、母はパートで忙しいため、譲が弟妹の面倒を見る

航祐の家族

↑中学の数学教師である父に、主婦の母。ちなみに航祐の父は入り婿

珠理の家族

↑不動産会社勤めの父に、介護職の母。高校2年生の姉は、妹にさまざまな知識を授けている

令依菜の家族

↑商社勤めの父に、カルチャースクール講師の母。美男美女夫婦である

令依菜の友人たち

↑左からアイドル好きの萌江、スポーツが得意の葵、ダンスに興味がある千絵梨

その他の人々

↑かつて鴨の宮団地で暮らしていた人々。さまざまな年代・業種の人間が過ごしていた

解体作業員

↑団地の解体を請け負う作業員たち。右の後輩は怪談話が苦手らしい

小物設定

Prop Design

子供たちのスマホ

航祐はＴシャツと同じスポーツブランドのカバー、太志はガジェット色の強いカバー、令依菜はリボンの付いたスマホリングなど、好みが表れている。

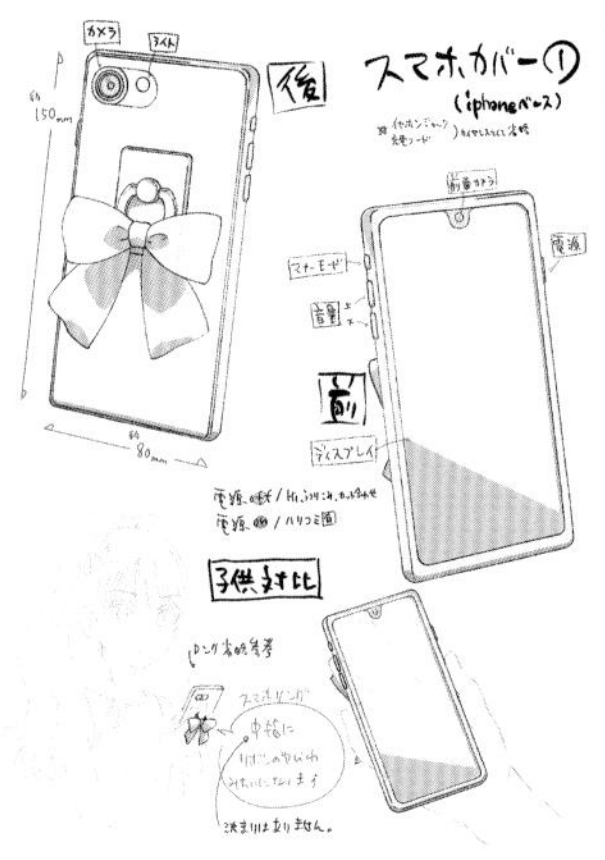

令依菜のスマホ

太志のスマホ

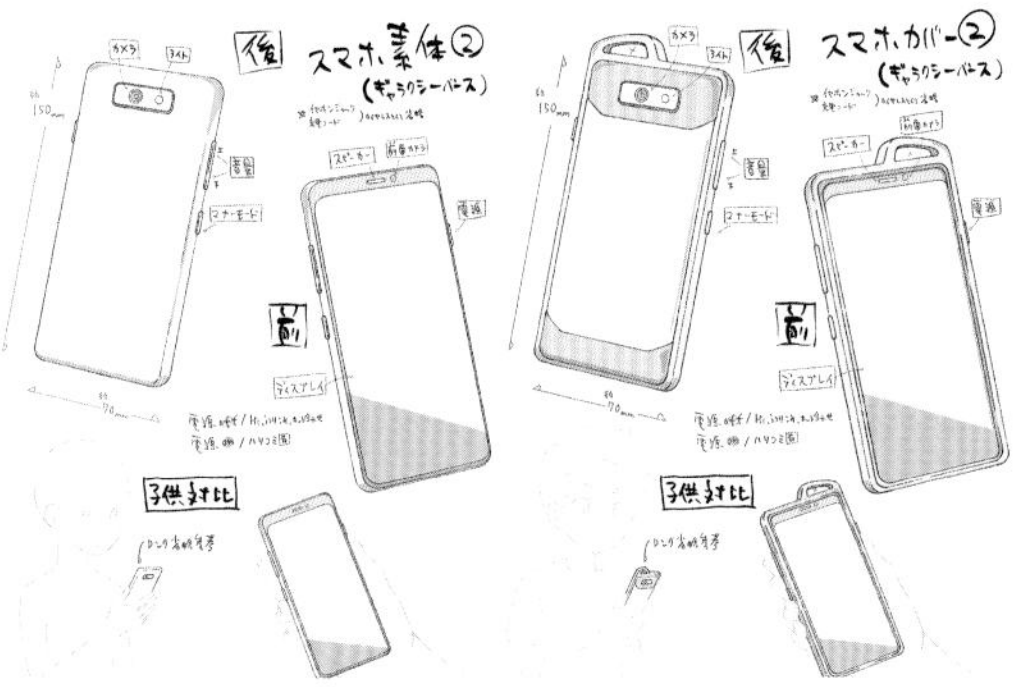

航祐のスマホ

夏芽の工作

夏芽が図工の授業で作成した、鴨の宮団地の工作。令依菜とぶつかった際に壊れたが、夏芽は安次の部屋にこもってていねいに修理した。

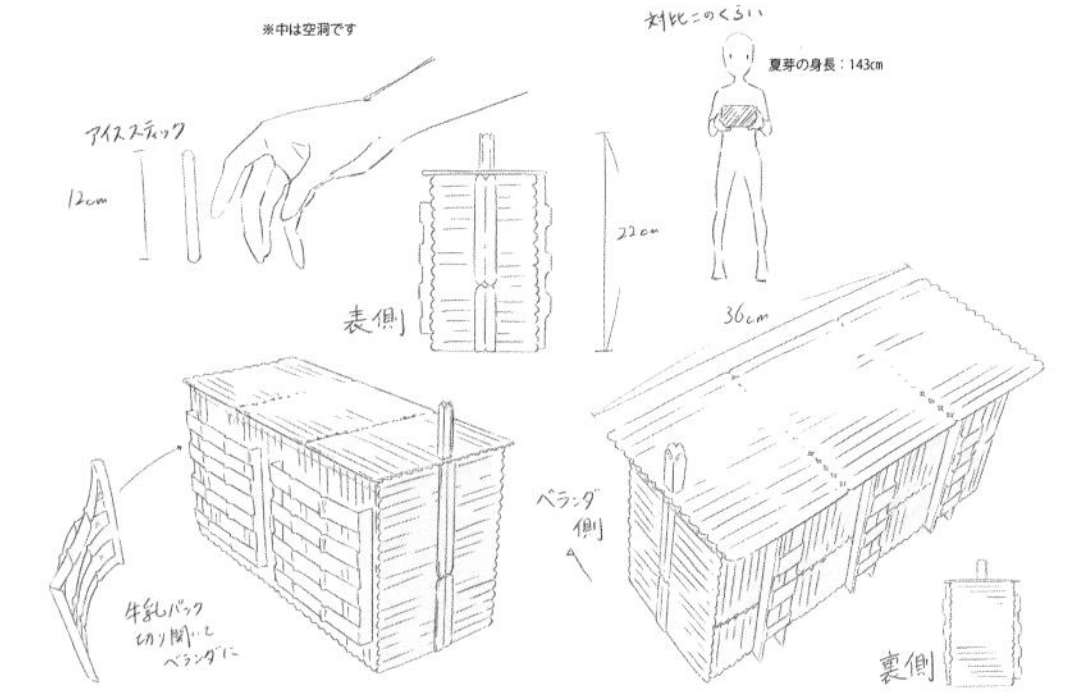

太志のゲーム機

作品世界の子供たちの間でもっとも流行しているゲーム機。Wi-Fiにつなげて対戦プレイをしたり、ネットを閲覧することもできる。

リュックサック

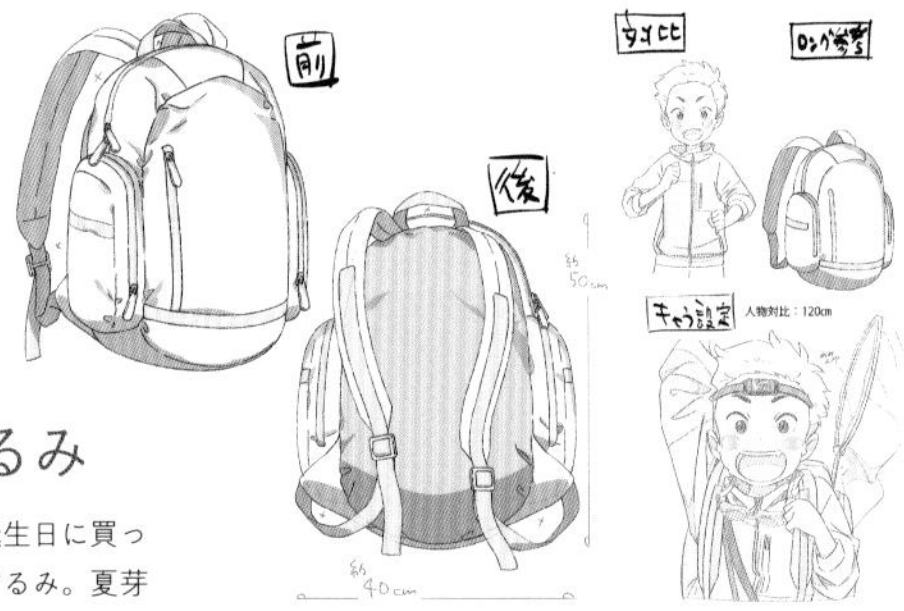

太志の探検装備

おばけ団地探索のため、太志はさまざまな装備品を用意した。漂流中はスマホが使えなかったため、トランシーバーは非常に重宝した。

夏芽のぬいぐるみ

安次が夏芽の誕生日に買ってくれたぬいぐるみ。夏芽の宝物で、航祐と一緒に遊ぶ時はいつもこのぬいぐるみが一緒だった。

ヘッドライト

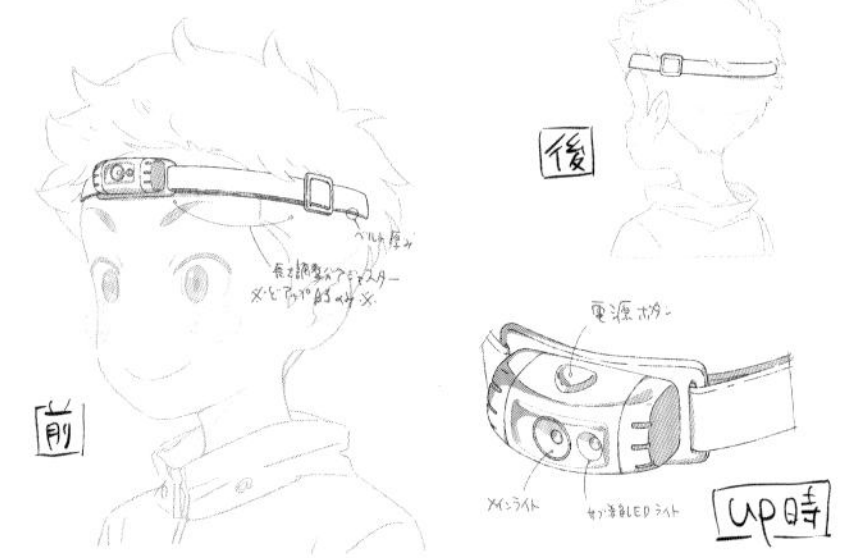

スナック菓子

カップラーメン

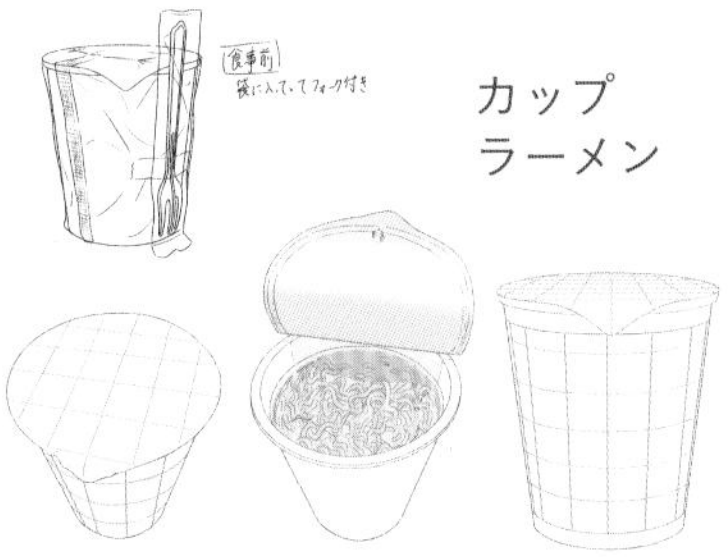

スイミングスクールで獲得した非常食です

アルファ米・Calorie Cake(バランス栄養補助食品)・水は別途設定あります

非常食

子供たちの食料

夏芽のカップ麺やお菓子は漂流中の貴重な食料となった。市営プールで手に入れた災害時用の非常食は、量と内容共に充実している。

トランシーバー

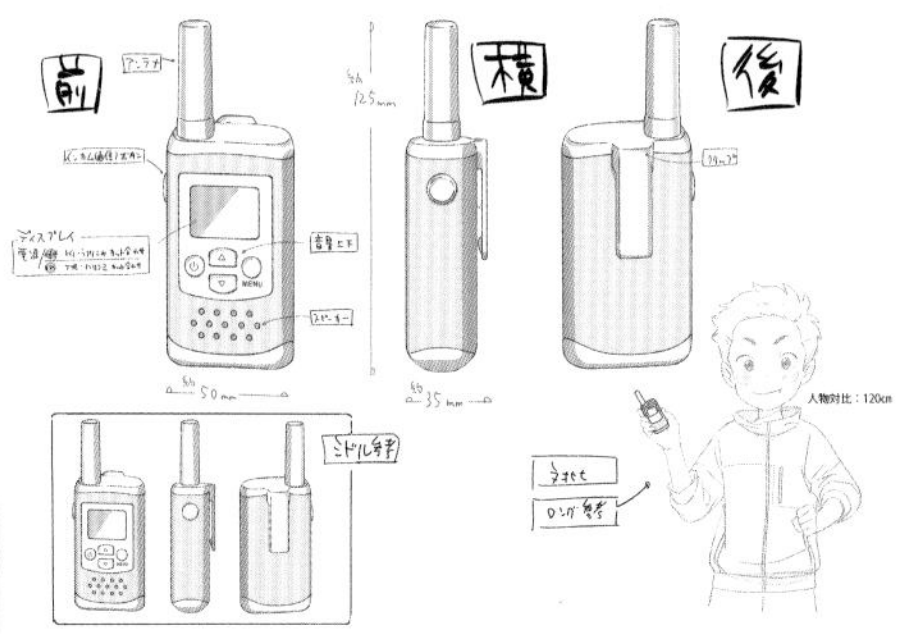

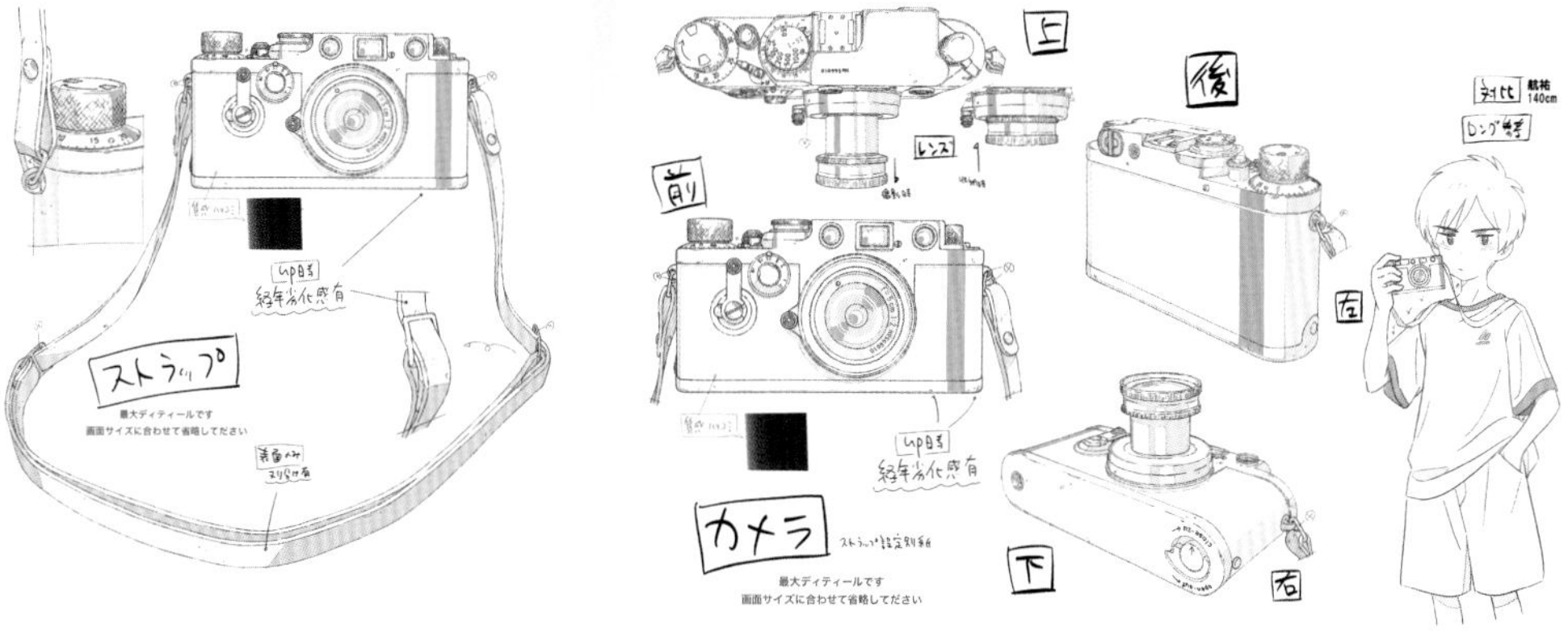

安じいのカメラ

カメラを趣味にしていた安次が愛用したフィルムカメラ。年代物らしく経年劣化している箇所もあるが、手入れが行き届いている。

夏芽のトートバッグ

夏芽が使っているトートバッグ。終業式の日、大量の荷物を持って下校する時には大容量を生かして活躍した。

灯籠

漂流から帰還した航祐と夏芽が、夏祭りで川に流した灯籠。作中では表面に夏芽のぬいぐるみの絵とカメラの絵が描かれていた。

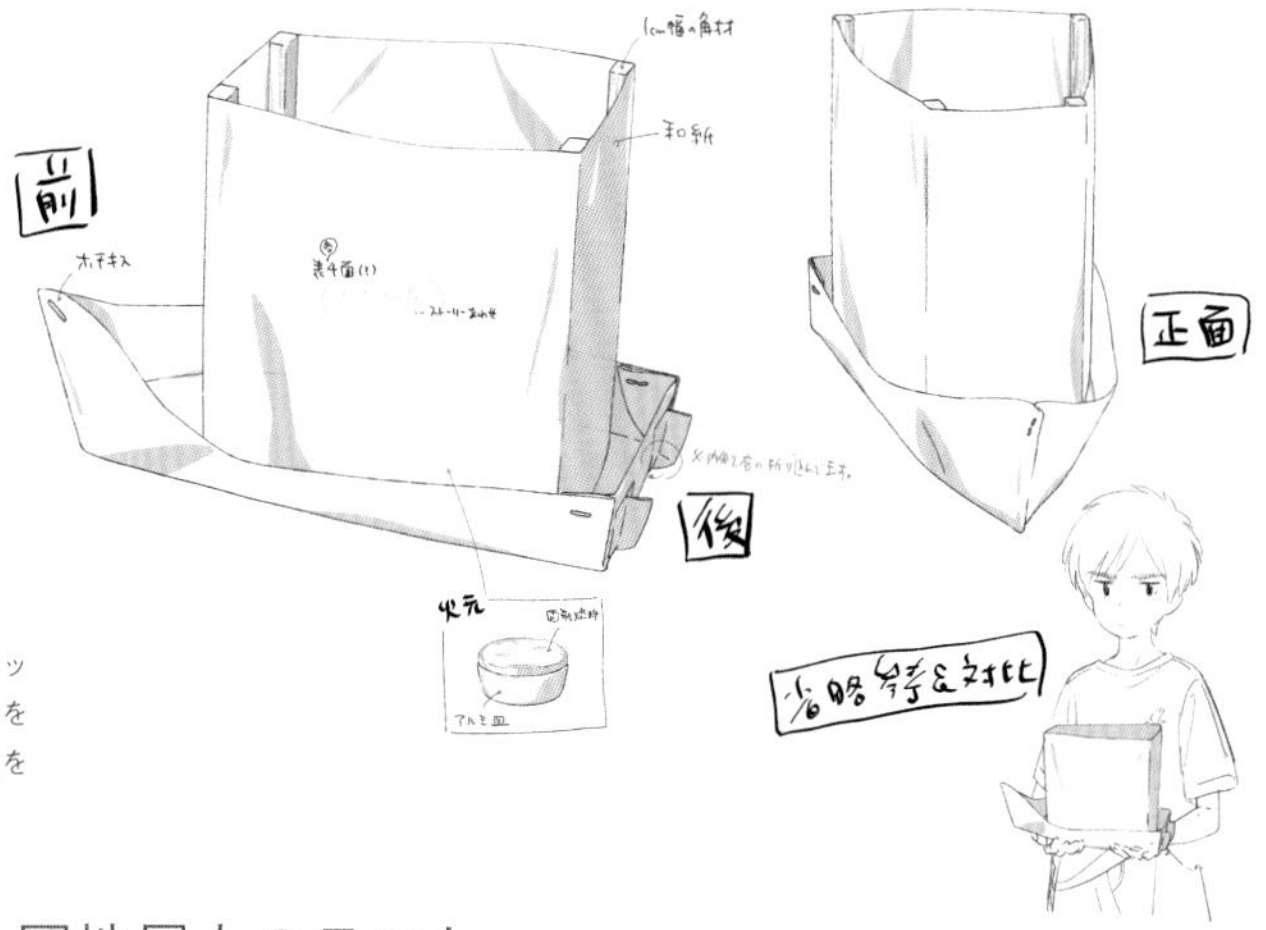

プールに渡るロープ

航祐が団地からほかの建物へ移動する際に使ったロープ。体重を支えるため、団地内に放置されていた三輪車のハンドルを使用。

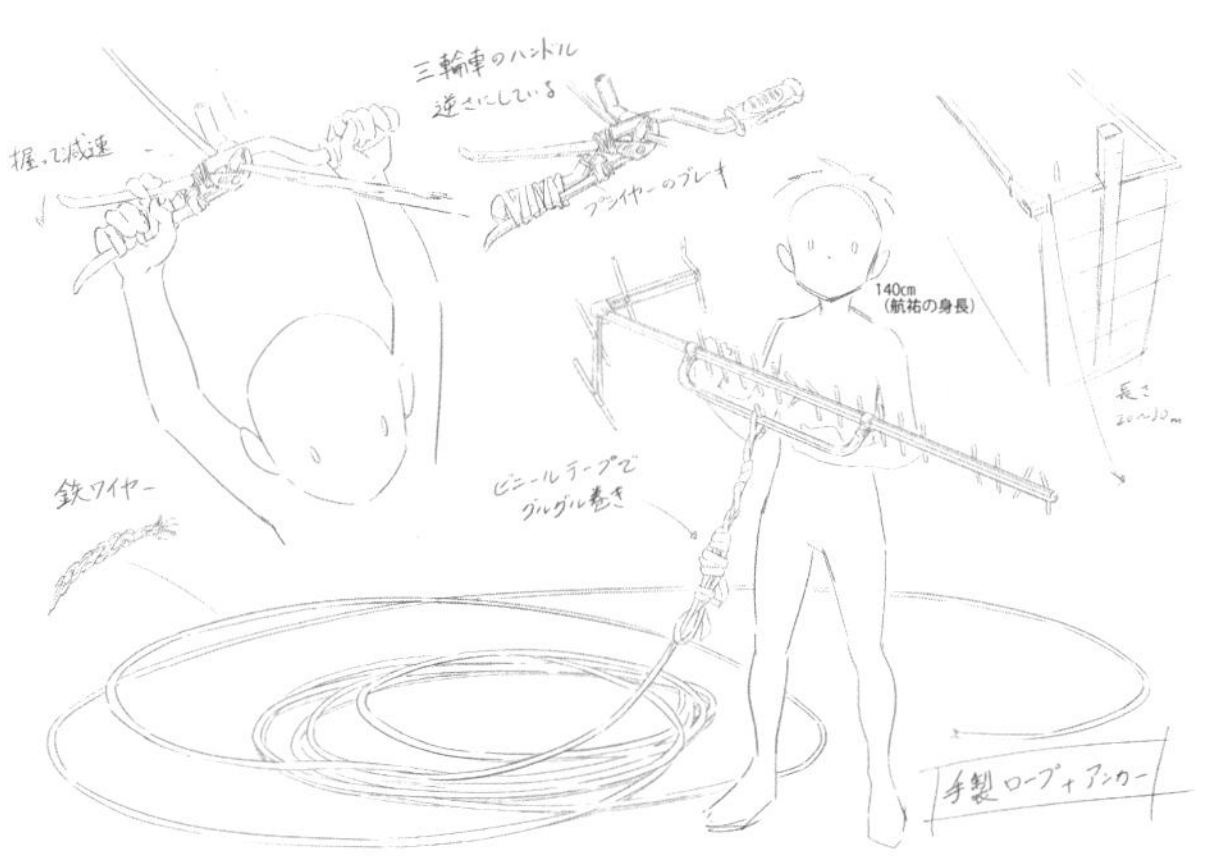

団地屋上のテント

夏芽がのっぽのために持ち込んだキッズテント。夏芽が小さい頃安次に買ってもらったもので、ここで航祐ともよく遊んだ。キャンプ用のものより小さめ。

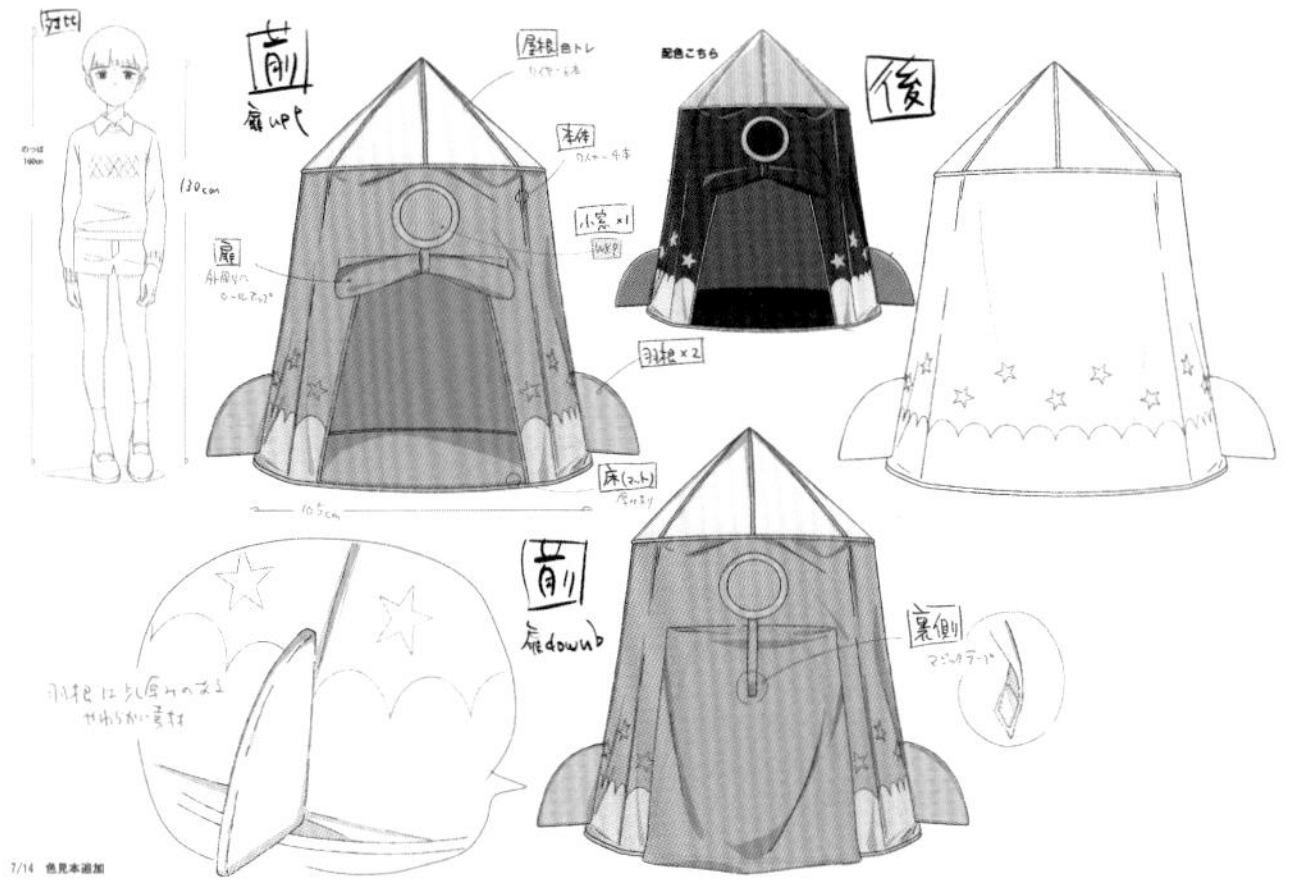

浴槽のイカダ

子供たちが団地内の浴槽を組み合わせて作ったイカダ。3人乗りの「ふろが丸」はデパートへ探索に行く際に、大型の「だんち丸」は団地から全員で脱出する際に使用した。

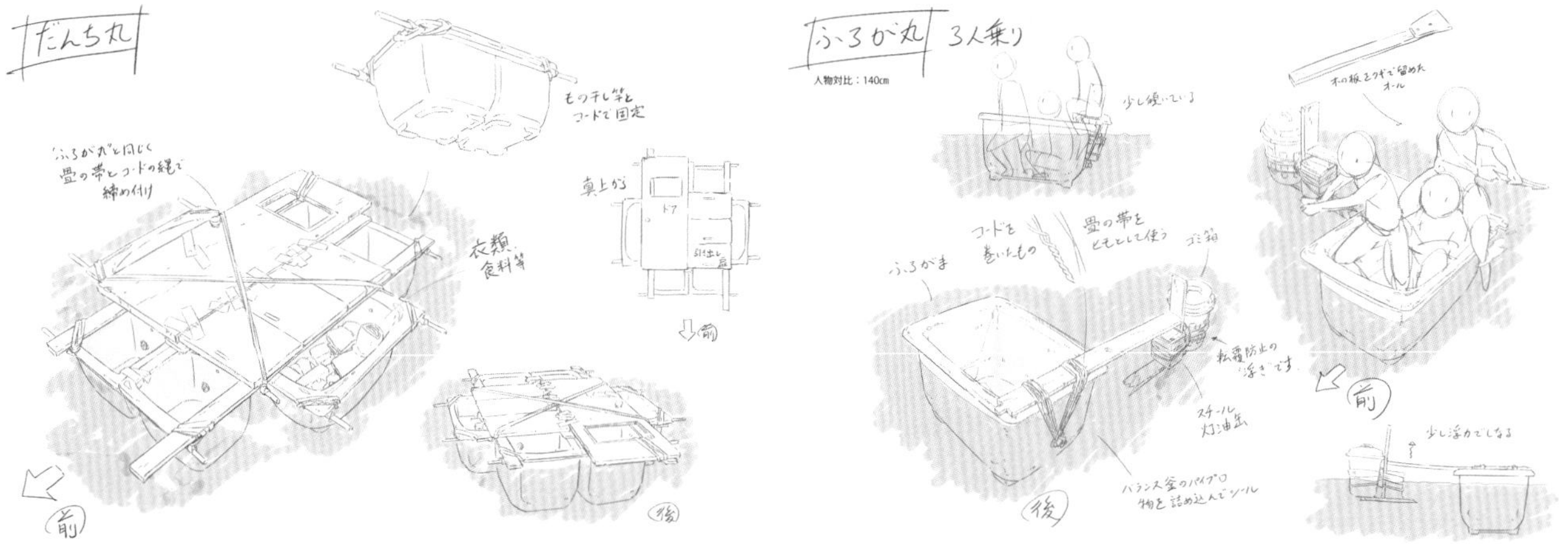

美術設定

Background setting

鴨の宮団地

いまから 60 年前に作られた団地。昭和の高度経済成長を支え、往時はここに住むことは一つのステータスだった。だが、老朽化した現在は解体作業が進められている。

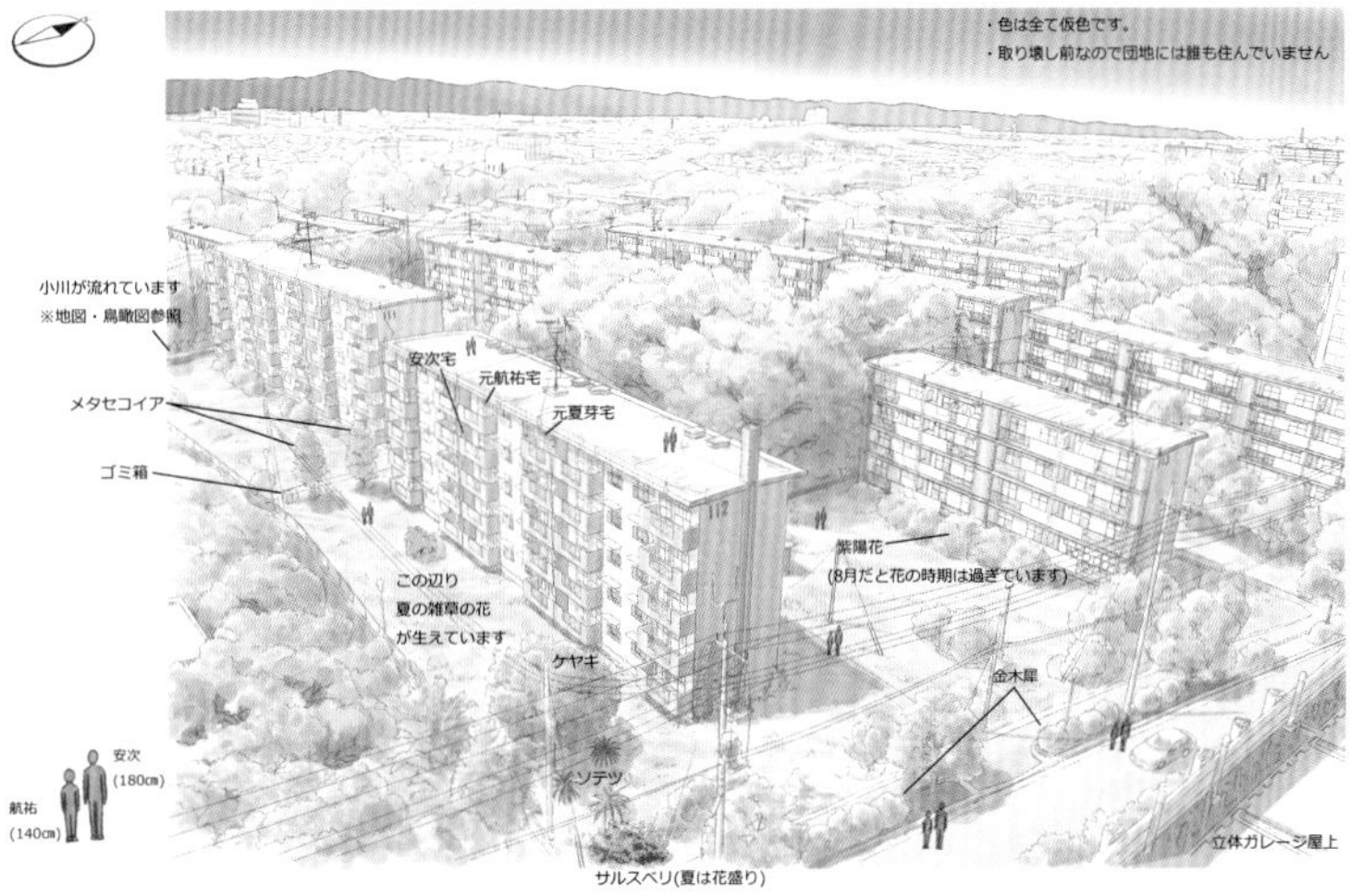

全体俯瞰図

ケヤキや紫陽花が植えられた敷地内は、緑にあふれている。一緒に暮らしていた時期の航祐と夏芽は、ここを駆け回って遊んでいた。

北側外観

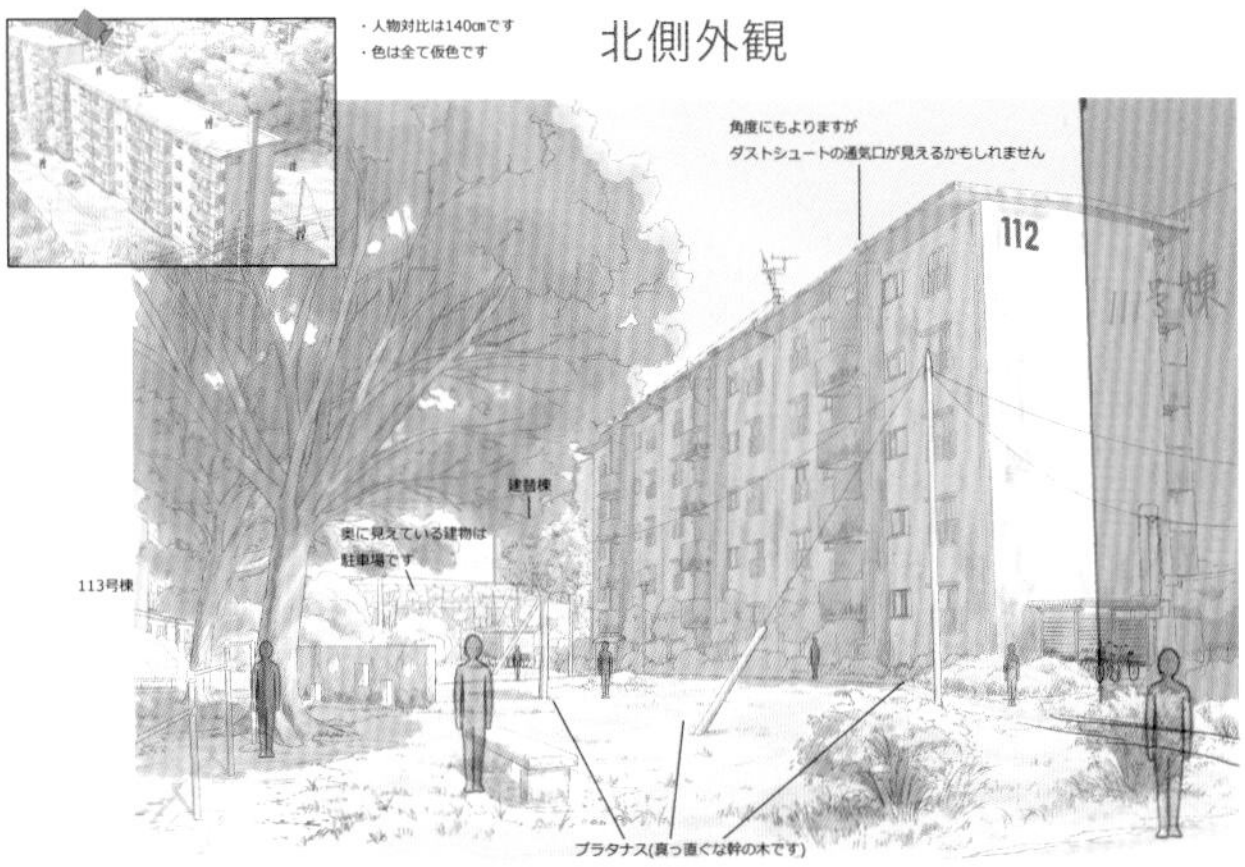

南側外観

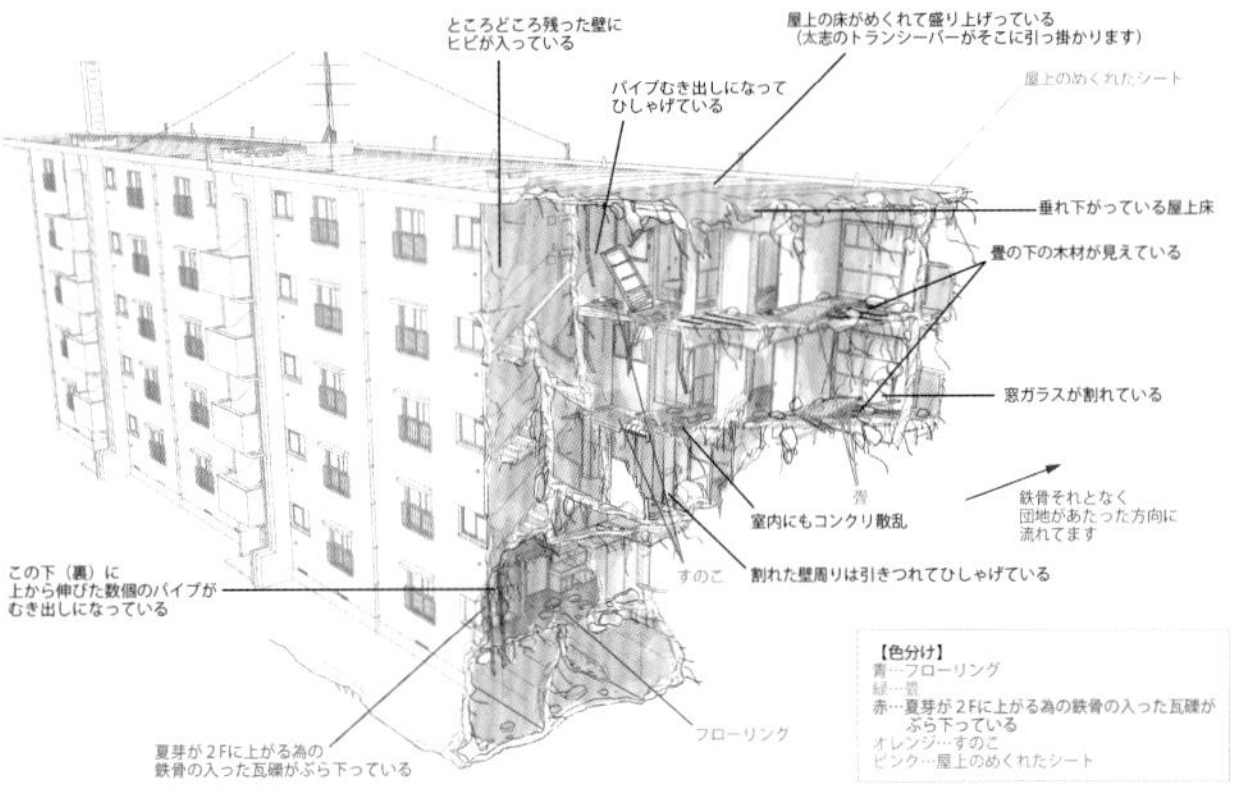

崩壊後外観

団地が漂流する様子は、まるで海を行く空母のよう。デパートと衝突後の団地は全体の 1/4 ほどが崩壊してしまった。改めて破損個所を見ると、その時の衝撃の激しさがよくわかる。

安次の家 間取り図

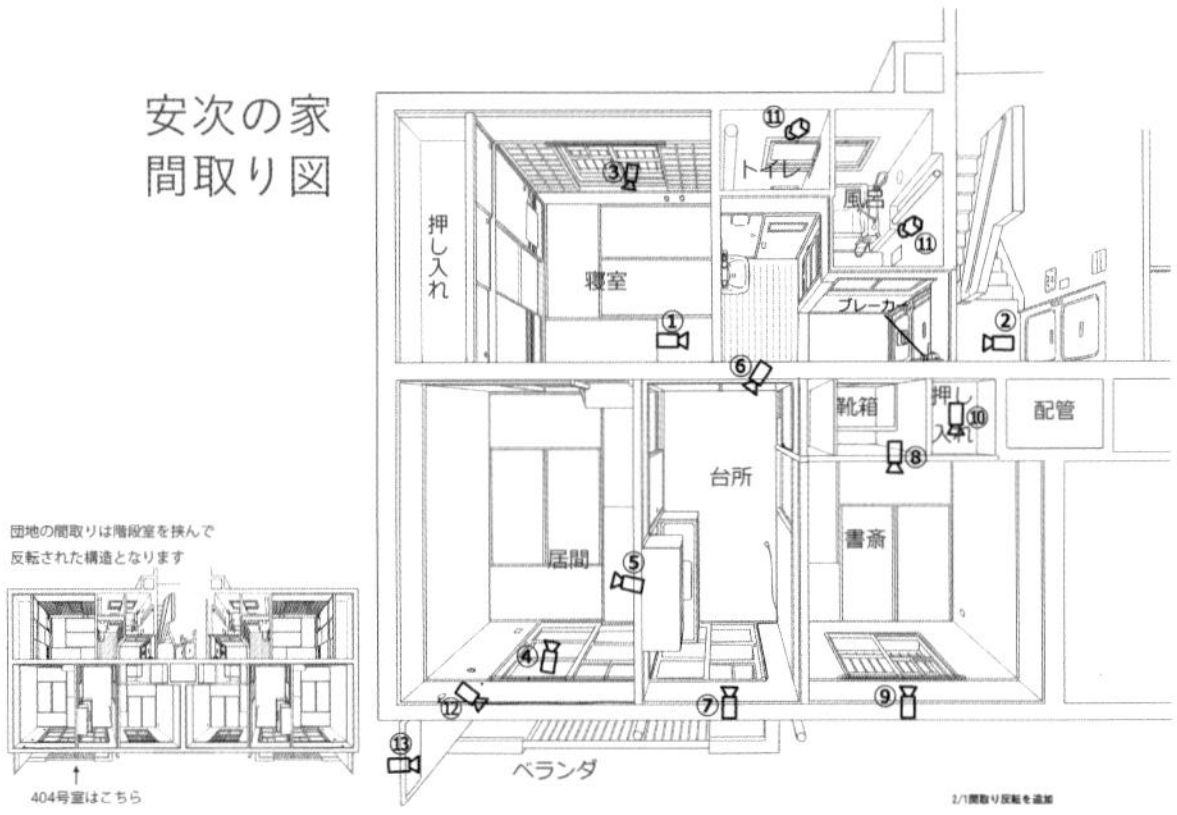

安次が住んでいた頃の寝室

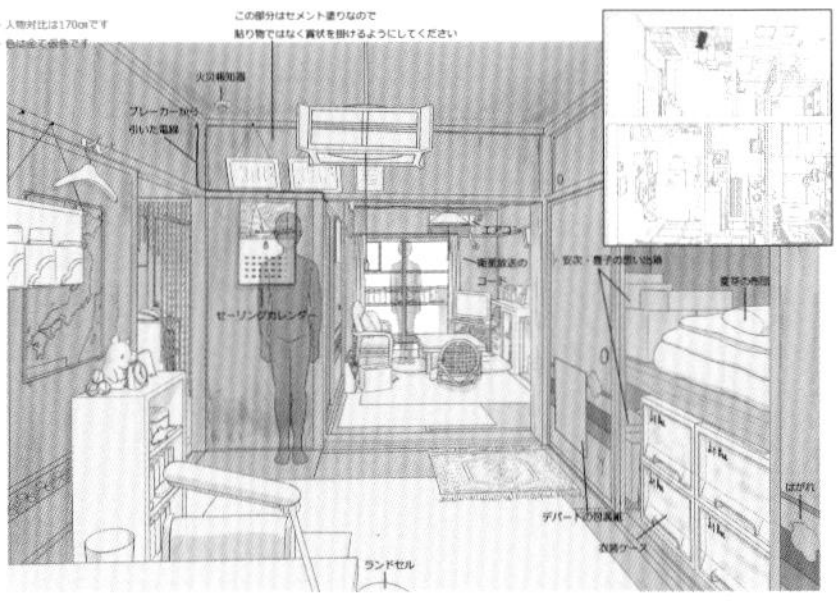

安次が住んでいた頃の台所

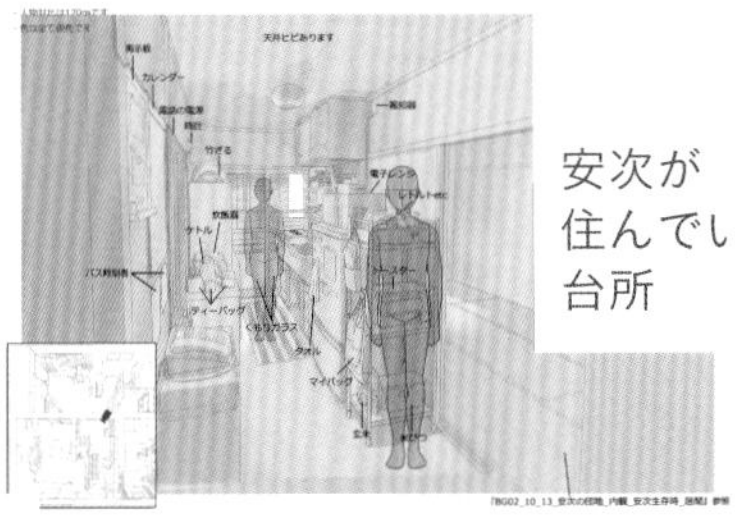

安次が住んでいた頃のベランダ

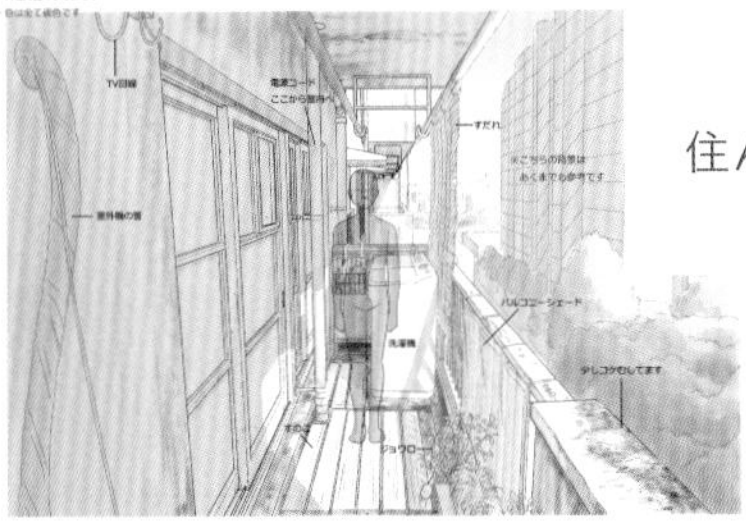

安次が住んでいた頃の書斎

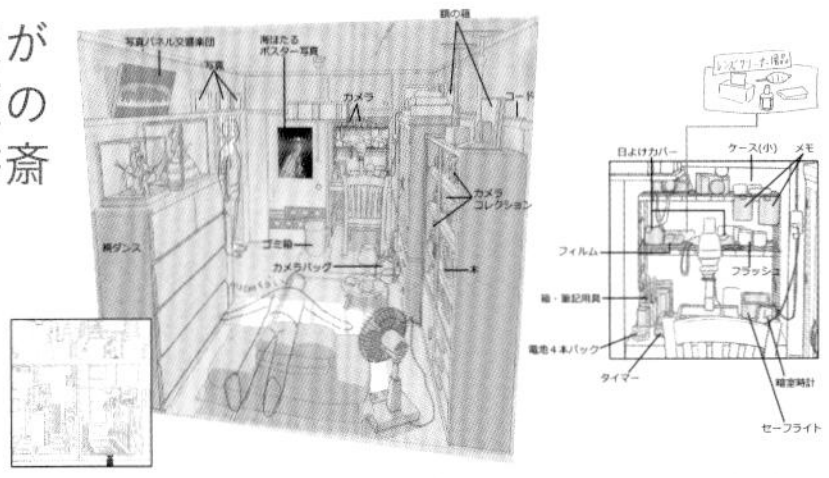

安次が住んでいた頃の居間

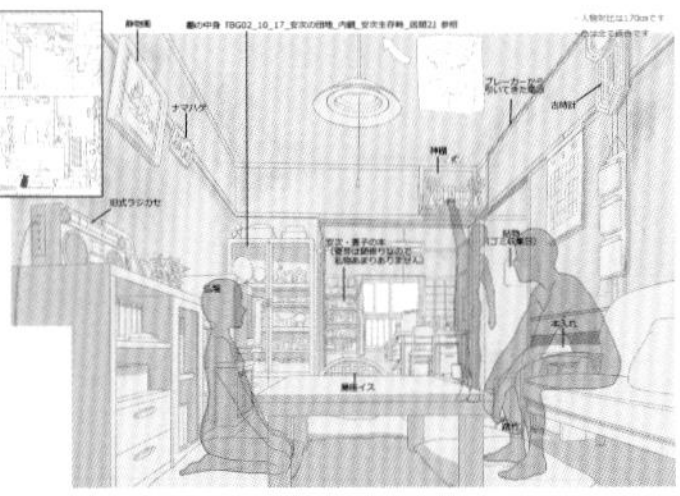

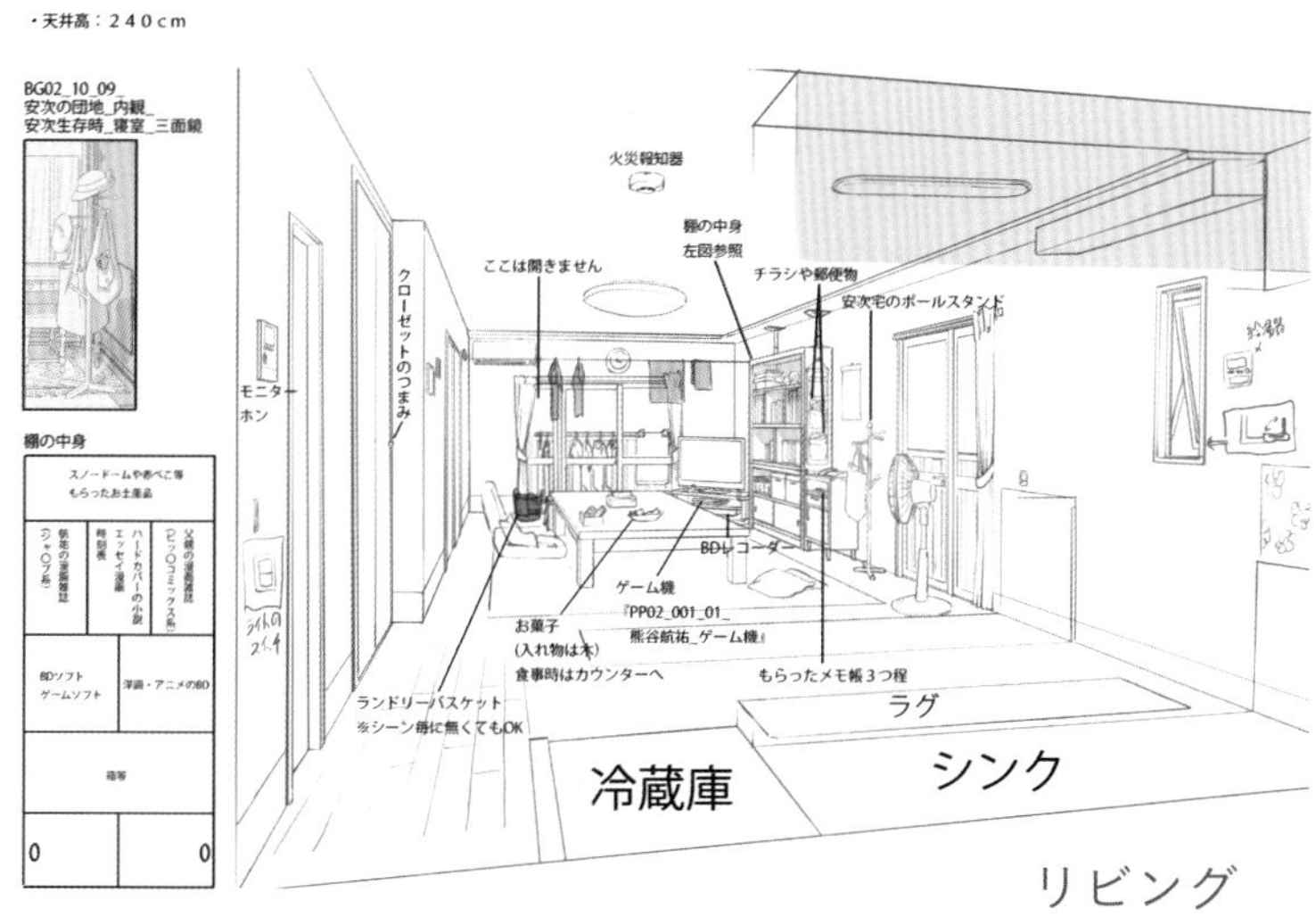

航祐の新居

航祐の家族は、鴨の宮団地の敷地内に新しく建て替えられたばかりの棟に住んでいる。間取りは3LDKで、３人で暮らすには十分な広さ。本来は安次を含む４人で住む予定だった。

間取り図

リビング

家族３人で団らんするリビング。カウンターキッチンが併設されており広く見える。航祐はここで友人たちとゲームなどをする。

和室

安次の部屋となる予定だった和室。仏壇のほかにも安次の部屋にあったものが置いてあり、なかば物置のようになってしまっている。

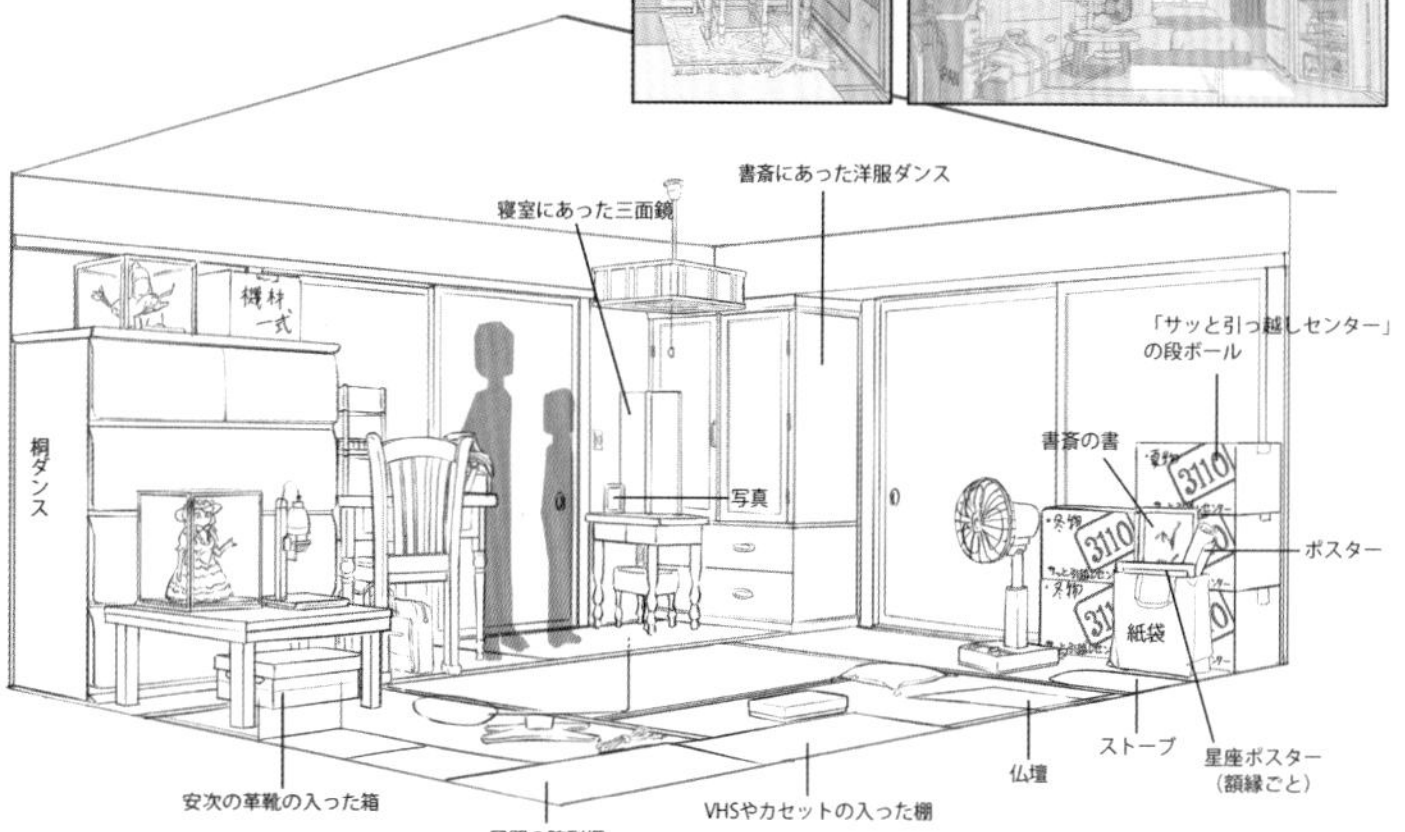

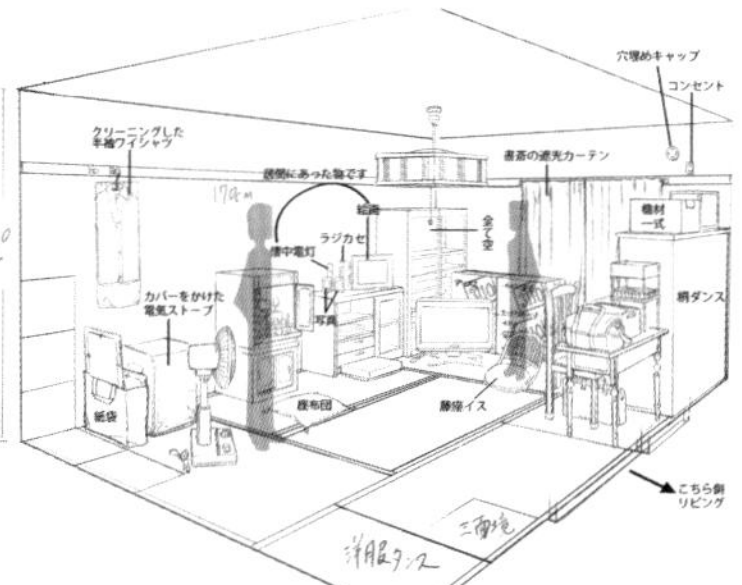

夏芽の新居

夏芽を迎えに帰ってきた里子が隣町に購入した、中古マンション。リビングのほか、夏芽と里子の部屋がある。里子はDIYを楽しみたかったが、多忙なため壁紙の張替えもできていない状態。

間取り図

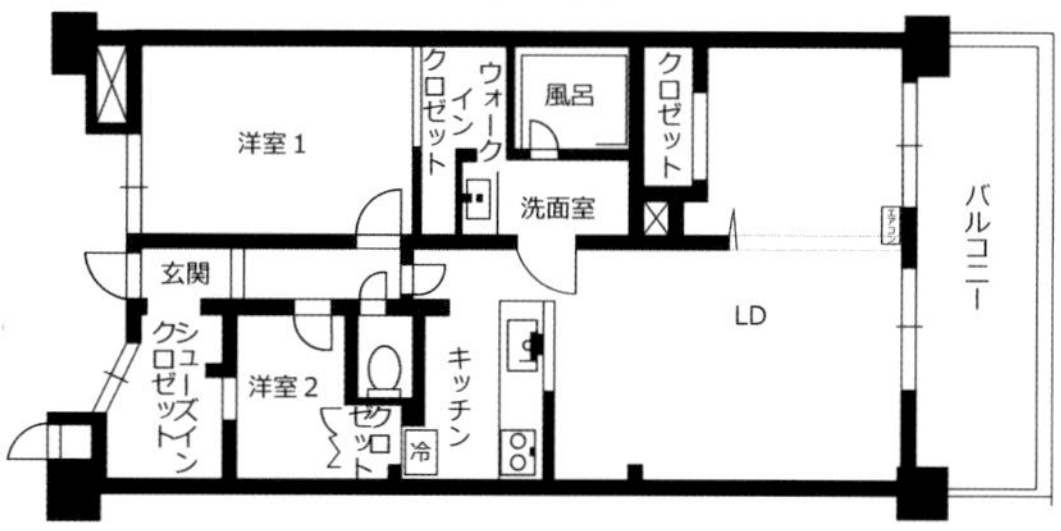

リビング

引っ越してから２か月経っているのに、荷解きや部屋の片づけがまだ終わっていない。里子は少々ズボラな性格なのかも……。

小学校の教室

航祐と夏芽が過ごしている6年1組の教室。窓側に授業で使う道具入れ、教室後方にロッカーがあるという、ごく一般的な作り。二人以外のメンバーは別のクラスに在籍。

・諒・太志・令依菜・珠理は違うクラスです
・航祐・夏芽らは6年1組です

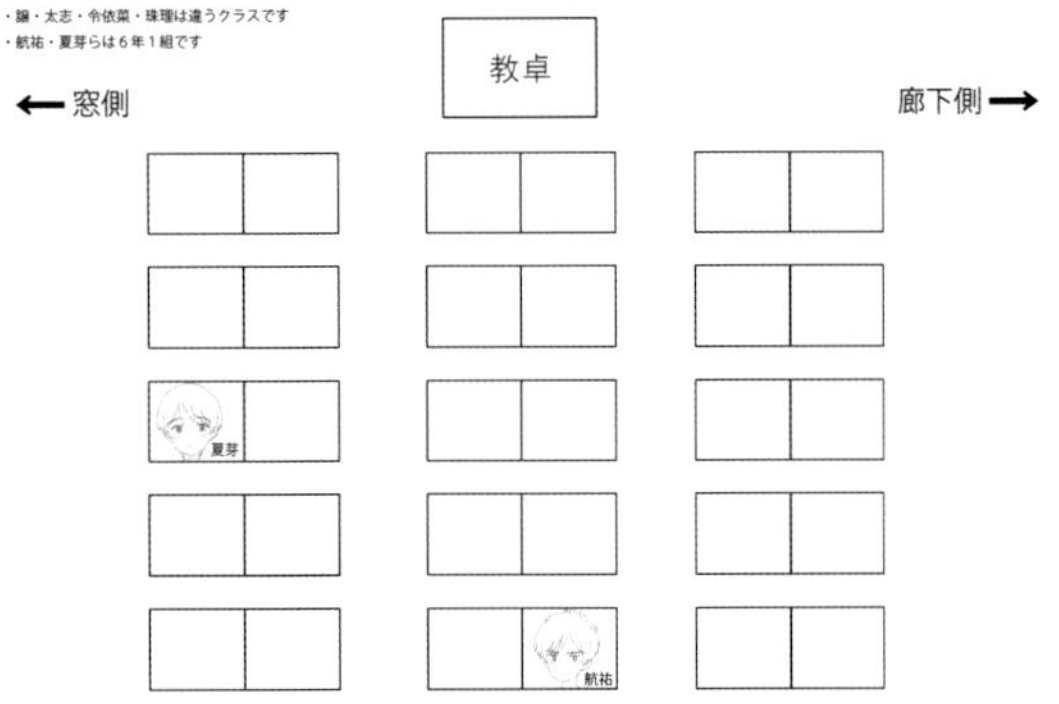

座席表

教室全体図

全部で30席の机が設けられている。少子化の折、クラスの人数としては多い方に入るといえる。黒板には担任の先生からのメッセージも。

ナラハラスイミングクラブ

航祐たちが通っていたスイミングクラブの施設。2階建てで、25mプールと幼児用のプールが設置されている。きちんと片付けられないまま放置されており、機材や荷物が残されている。

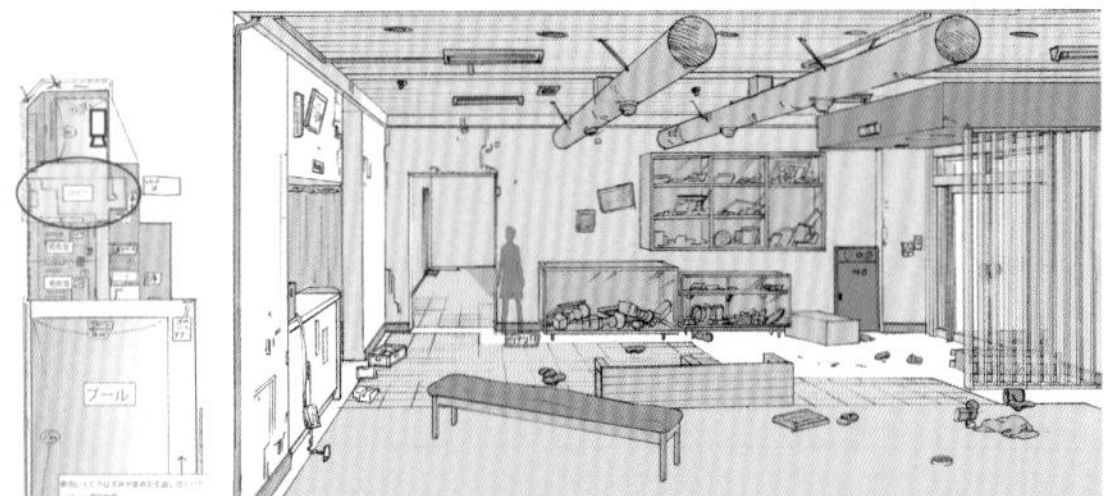

ロビー

中央にあるロビー。長椅子やトロフィーなどが回収されずに転がっている。荒らされたというより、単に揺れで崩れたようにも見える。

外観

外階段から2階にある入口へアプローチする。1階の窓からはプールが見られた。見送りの親たちが子供を見守ったことだろう。

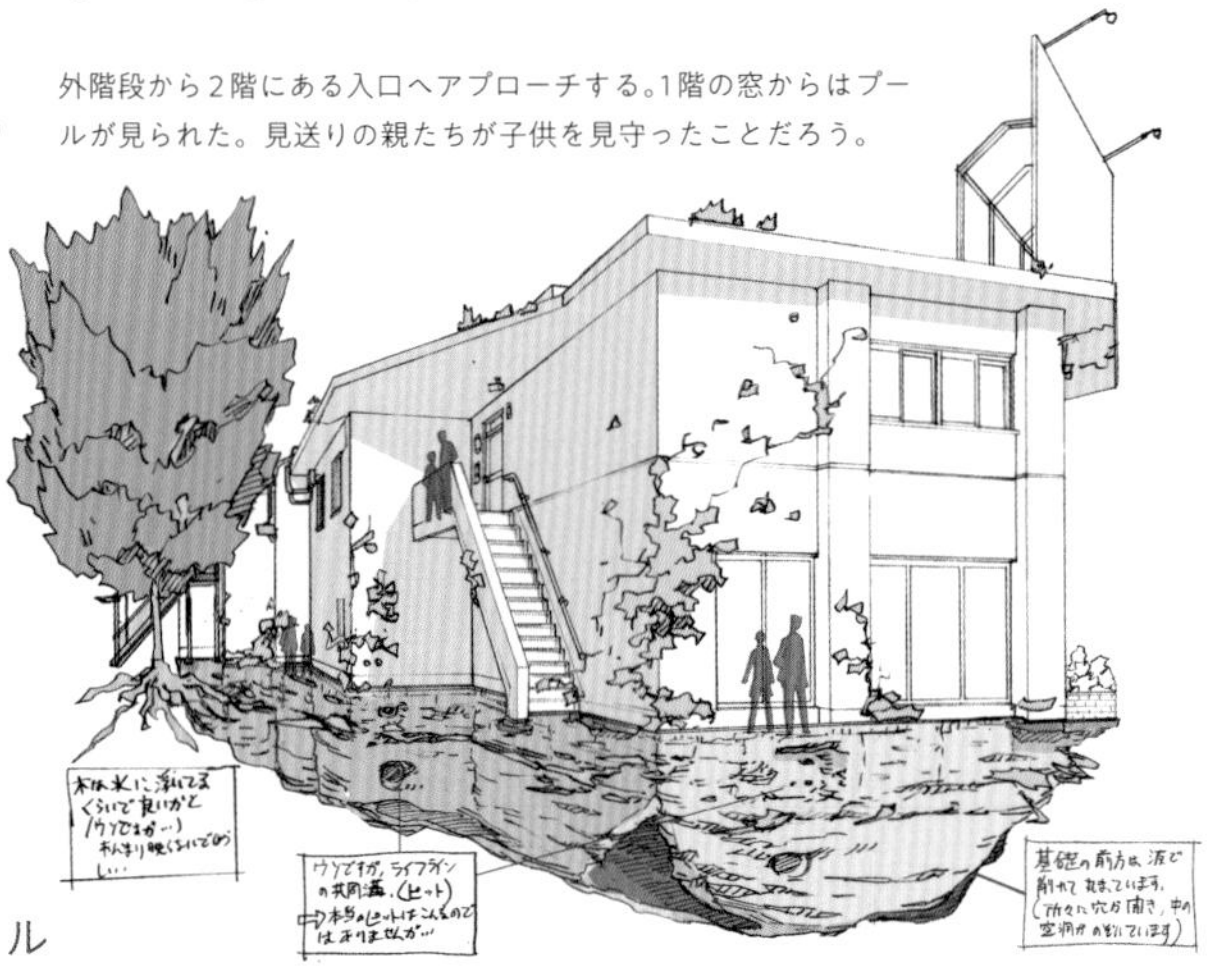

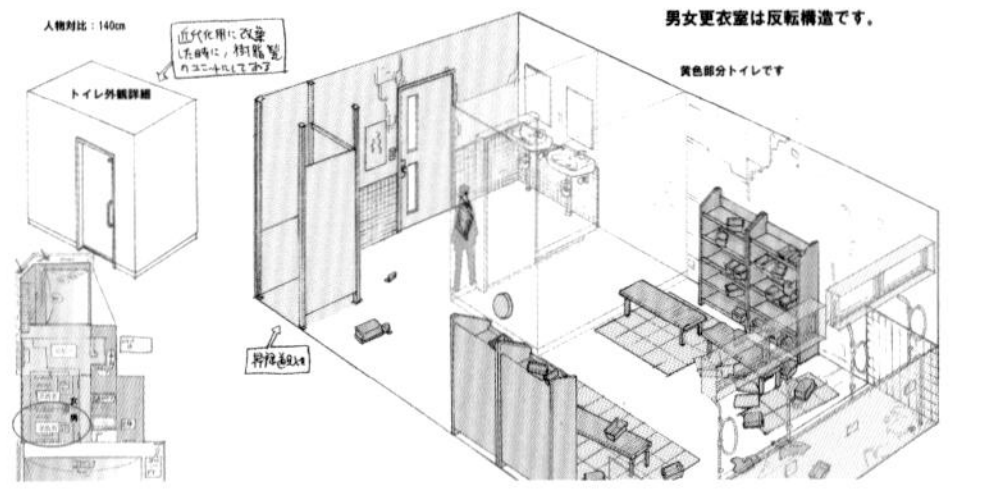

更衣室

プール

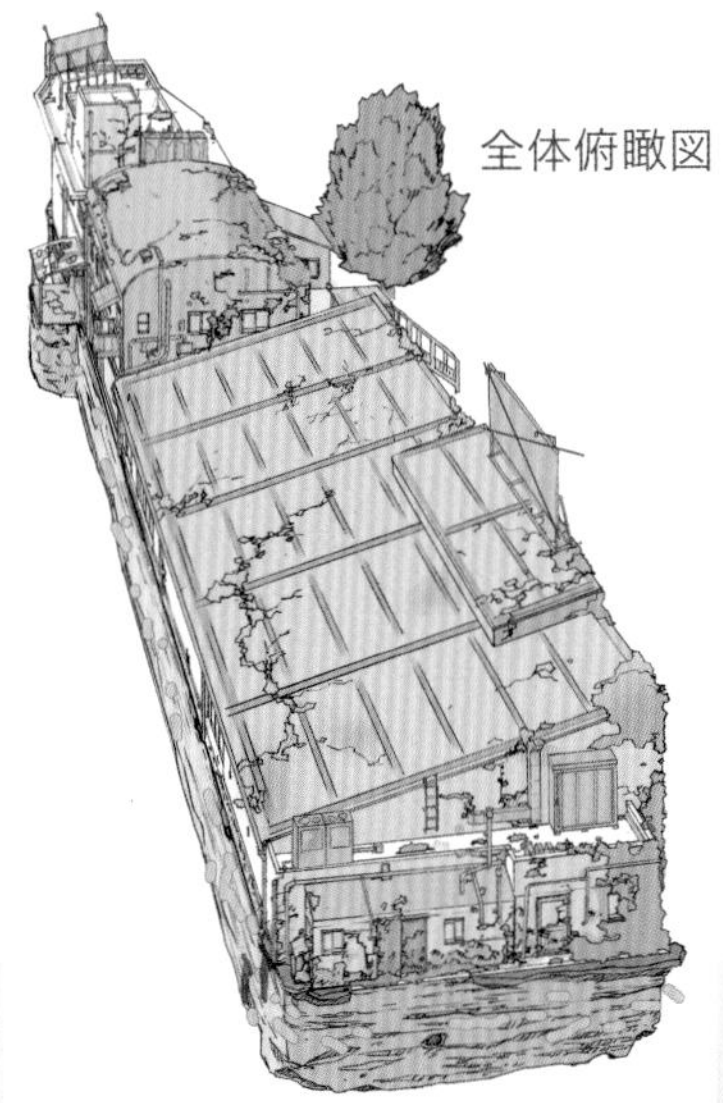

全体俯瞰図

休憩室

自動販売機などが設置された休憩室。航祐と夏芽はここで食料を探した結果、運よく非常用の食料が入ったリュックを見つけた。夏芽が転ぶ工程まで描かれている。

デパート

海を漂流していたデパート。館内は広く、かつては盛況だったことがうかがえる。だが、風化して雑草が生え放題の様子からも、かなり長い間漂流していたことが見てとれる。

屋上遊園地

小さなメリーゴーランドなどの乗り物がいまだに残されている。遊具のボロボロに風化した姿に、物悲しさを感じずにいられない。

外観

おもちゃ売り場

夏芽が誕生日のプレゼントを買いに両親と訪れた。父と母がここでケンカを始めたため、夏芽にとって苦い記憶が残る場所となった。

大食堂

観覧車

令依菜が父に初めて連れて行ってもらった八島遊園地。そこにあった遊具の中でも、とくに大好きだったのがこの観覧車。かなり古びているが、かつての栄華の痕跡が残っている。

外観

もっとも高いところで30mにもなる。幼い令依菜にとっては、父と一緒に乗ってながめた景色が一番の思い出。

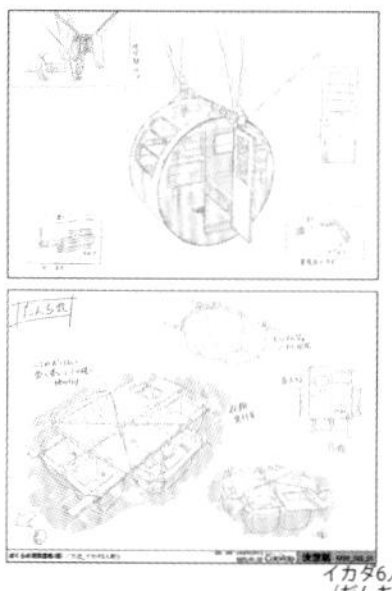

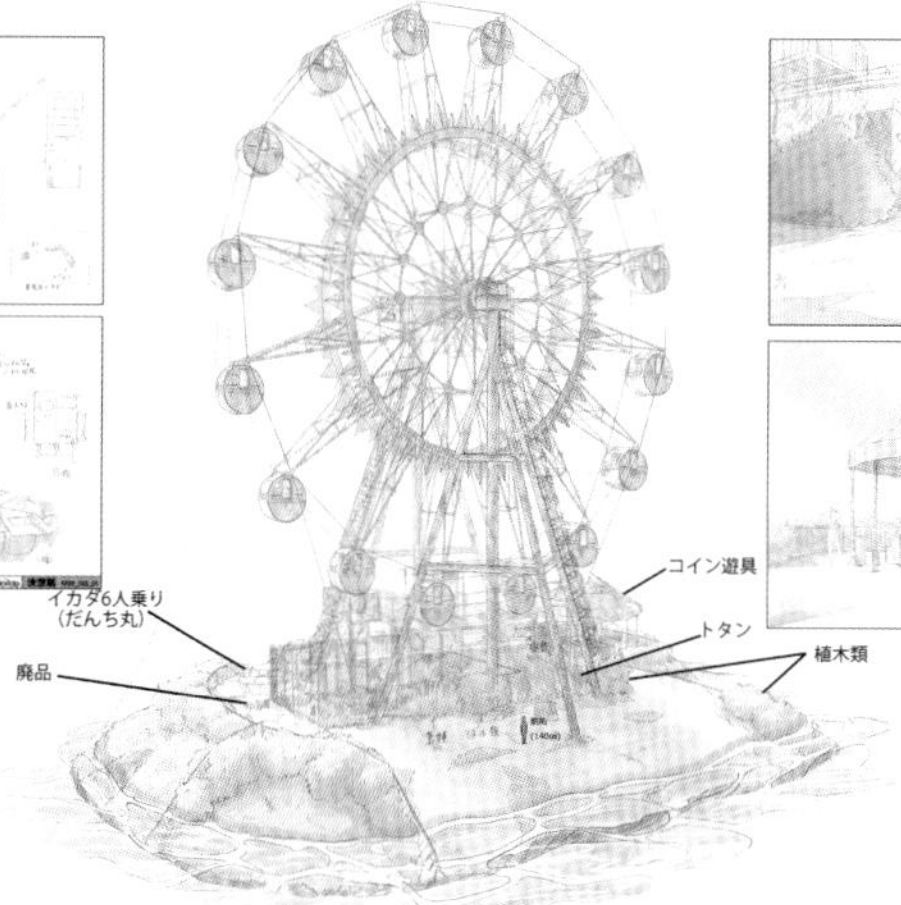

全体図

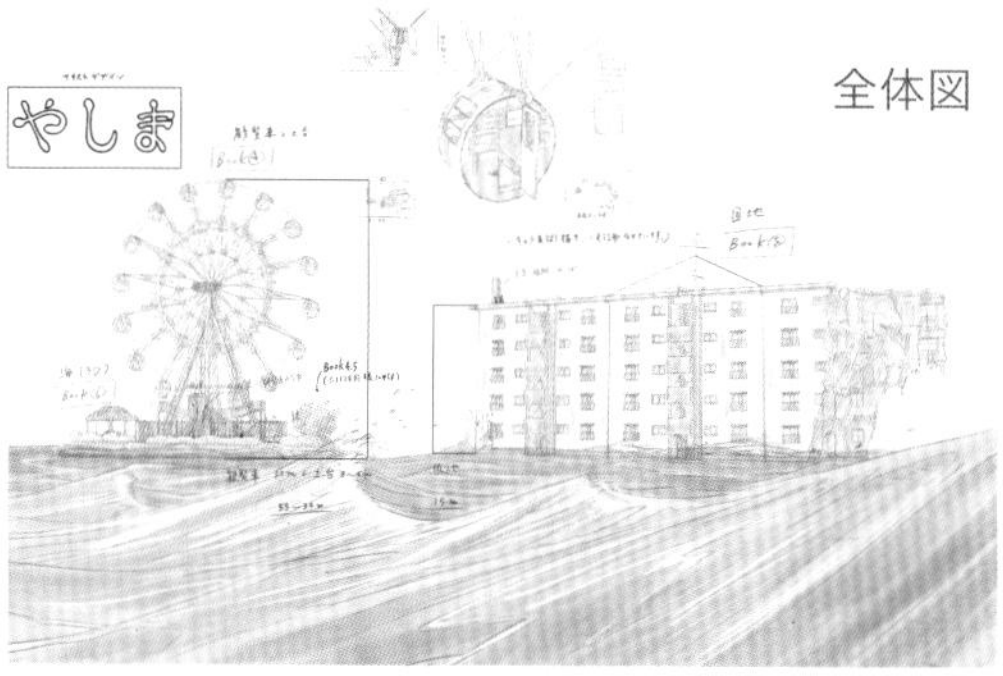

観覧車乗り場

航祐たちのイカダと比べると、そびえ立つ観覧車の大きさがよくわかる。嵐の海を行く観覧車は、とても頼もしく見えたことだろう。

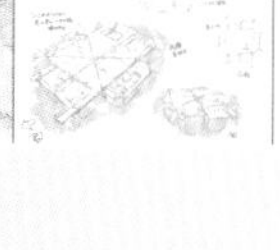

イカダ6人乗り（だんち丸）

エンジンルーム

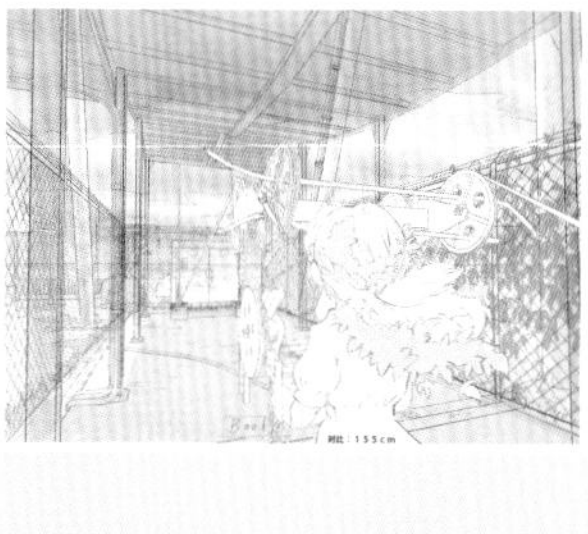

回転軸部分

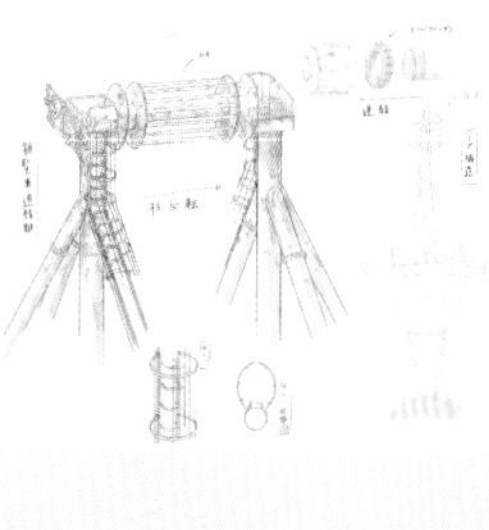

Selected highlight scene
Tonai Natsume

Cast & Staff Interview

Cast interview

熊谷航祐役

兎内夏芽役

田村睦心×瀬戸麻沙美

相手を思っているのに素直になれずぶつかってしまう……。
思春期のもどかしさを抱えた航祐と夏芽を演じた二人に想いを語ってもらった。

メインキャラクター同士で初めての掛け合いを楽しむ

——お二人それぞれ作品の第一印象を教えてください。

田村　オーディションの段階では、まだ詳細な企画書をいただけていなくて、セリフも抜粋したものだったので、何が起こるんだろうとマネージャーと話していたのを覚えています。

瀬戸　オーディションの時には、キャラクターの絵はあったよね？

田村　あったかな。あと、あらすじもあったかなかったか……。そこから全体像を想像していく感じでした。実際に台本をいただいてから映像を観ても、次から次へと大変なことが起こっていて、どうなっていくんだろう……と思っていました。

——航祐や夏芽など子供たちの未来がどうなるか心配でしたか。

田村　そうですね。航祐はずっとぶっきらぼうですぐに夏芽とケンカにもならない言い合いをしてしまうので、最終的にはどうなっちゃうんだろうと思いました。

瀬戸　私は台本を夏芽の目線で読んでいったんですが、子供たちがたくさん登場するし、団地が漂流するという現実にはあり得ない状況だったので、ちょっとワクワクする気持ちがありました。ただ、読み進めていくと夏芽の家庭環境は複雑だし、航祐のおじいちゃんの死も明らかになって、夏芽が持っている本質的な素直さや明るさは削がれてしまっていると感じていました。物語的には冒頭で団地と一緒に漂流してしまう6人が航祐を軸にどう関わっていて、どんなポジションなのかがいいテンポで描かれていきますし、それぞれのキャラクターが素直なところを持っていることがチラ見えするので、どの子も気になっていました。

——オーディションでは手応えのようなものは感じましたか？

田村　私は「航祐役をお願いします」と決め打ちでお話をいただきました。キャラクターはよくやらせていただく年代の子なのですが、手応えというのはあまり感じなかったです（笑）。正直なところ、実際は航祐たちの年齢に近い方が声を担当するんじゃないかなとも思っていました。

瀬戸　今回、テープオーディションだけで、スタジオオーディションがなかったんですね。それもあって、私も正直手応えはなかったんです。自分が感じたことをセリフにして録音して、それを提出しただけだったので。

田村　ディレクションもあまりなかったもんね。

瀬戸　そうなんですよね。キャラクターの年齢相応の方が演じられるのかなと思っていたので、役が決まった時はすごくビックリしました。

——相手役が誰かというのは気になりましたか。

瀬戸　はい。夏芽役が決まってすぐ、航祐はどなたが担当されるのか聞きました。田村さんだって聞いて「やったー！」って。

田村　私も夏芽が瀬戸ちゃんだと聞いた時に、「あ、大丈夫だ」ってすごく安心しました～。

瀬戸　初めてお会いしてからはもうだいぶ経っているんですけど、メインキャラクター同士でガッツリ掛け合いをするのは初めてだったんです。だから、アフレコ前から楽しさと嬉しさでいっぱいになりました。

——スタッフの話だと、満場一致で航祐と夏芽に決まったそうです。

田村　それはすごく嬉しいです。

瀬戸　アフレコ当日にスタッフと初顔合わせだったんですよね。テープオーディションだと、いわゆる役作りが難しくて、本番当日は不安と楽しさが半々くらいだったんです。でも、石田祐康監督が「田村さんも瀬戸さんも本当にピッタリです」とおっしゃってくださったことが励みになって、前向きに取り組めました。

航祐と夏芽の二人は意地っ張りの似たもの同士

——それぞれのキャラクターにはどんな印象がありましたか？　まずは航祐から教えてください。

田村　航祐は「思春期の男の子」という印象が強かったですね。実際、映像を観せていただいた時も、それを強く感じました。最初は言いたいことを言い切る感じでアフレコに臨みましたが、何回かディレクションがあってい

航祐はきっと
夏芽の理解者で
ありたかったんだと思う

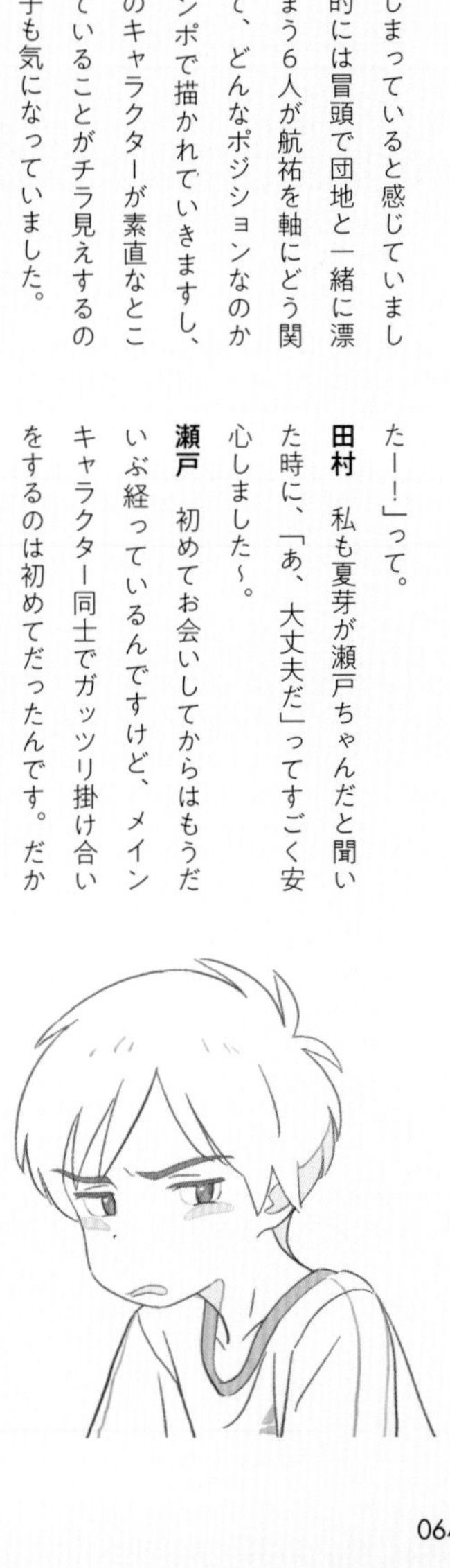

たむらむつみ
6月19日生まれ。東京都出身。アイムエンタープライズ所属。『デジモンゴーストゲーム』（天ノ河宙役）や『ジョジョの奇妙な冒険 ストーンオーシャン』（エルメェス・コステロ役）など多くの作品で活躍

夏芽は自分の思っていることを笑顔で隠すタイプ

せとあさみ
4月2日生まれ。埼玉県出身。StarCrew所属。『ちはやふる』（綾瀬千早役）や『BIRDIE WING-Golf Girls' Story』（天鷲葵役）、『トロピカル～ジュ！プリキュア』（滝沢あすか／キュアフラミンゴ役）など出演作品多数

ろいろな言い方をしたんですね。そのうちのどれが採用されたのかは完成映像を観るまでわからなくて。実際に映像を観たら、言い切るのではなくていじけていて素直になれない感じ、ストレートに言えなくて気持ちが全部内側に入ってしまい、もごもごしゃべっているものが選ばれていて、こう来たかと思いました。

――アフレコをしていくうちに、キャラクターの人物像が決まっていく感じですね。

田村　そうですね。普段は同じセリフを違うニュアンスで録り直すことはそれほど多くないのですが、『漂流団地』に関しては贅沢に時間を取っていただいたので、いろんな可能性を試すことができました。その中でも印象的だったのは、怒っているシーンも弱音を吐いているシーンも、どちらかというとブツクサ言っている感じのものが選ばれたことです。どうにもならなくて泣きの方向に行きそうなセリフも、「なんだよ……」ってブツブツ言っているものが選ばれていたんです。

瀬戸　私は観ながら、そんなに怒んないでよって思ってました。

田村　ずっと口を尖らせて、「俺だって言いたいことあんのにさ……」みたいな感じだもんね。私はそれをすごくリアルに感じたんですよね。反抗期で、お母さんに不満をぶつけたいけれど、「うるせえババア」とは言えないタイプが航祐なんだなと。

瀬戸　それを言ったら傷つけることはわかってるんだよね。

田村　そうそう。

瀬戸　でも、航祐は夏芽に対してはそういうことを言っちゃったんですよね。「俺んちとお前は関係ねえだろ！」って言われたことは、夏芽のなかで傷になってしまっている。航祐としてはぽろっと出ただけだと思うんですけどね。夏芽に対してだけは、言い方を間違えるというか、ひと言多いというか。

田村　確かに、そういうところがあるかも。航祐は夏芽の理解者でいたかったんだけど、うまく歯車が噛み合わなかったんだろうね。

瀬戸　客観的に観ていると、航祐の心の声というか、夏芽には届いていないものが見えるから、愛おしくて仕方ないんですよね。私は、映像を観てそんな航祐に惚れました（笑）。夏芽に対して不器用でもどかしさもあって、真剣だからこそ怒っちゃうところが愛しい。航祐って夏芽をあきらめないじゃないですか。もう知らないって言ってしまってもいいのに、そうしないところがカッコよくて。夏芽とずっと親友でいられるのは、相性のよさもあると思うけれど、航祐が夏芽と向き合うことをあきらめないからだと思うんです。

田村　当人同士はわかっていないけど、客観的に見ると好きがあふれていたもんね。どう見ても「航祐、お前、めちゃくちゃ夏芽のこと好きじゃん」って。

瀬戸　うん。太志ですら、「夫婦喧嘩」って言うんですよ。ハンバーガーとスマブラしか言っていないような子が「夫婦喧嘩」って思っちゃうくらいにダダ漏れなんですよね。

田村　やっぱり当事者だとわからないんだね。

――夏芽についてはどのような印象がありますか。

瀬戸　夏芽って素直で、サッカーを男の子たちと一緒にプレイする活発さも持ち合わせている。教室を出る時は、女の子の友達が声をかけてくれるくらいの関係は築けている。でも、そんななかでみんなに言えない家庭の悩みを抱えているんですよね。親が不仲だったり、よりどころだった航祐のおじいちゃんを喪っていたり……。しかもそれを表に出さずに隠して、自分が我慢すればいいと思っている子なので、表現するのは難しかったです。

――先ほど田村さんは何テイクも重ねたという話でしたが、瀬戸さんも同じような感じでしたか。

瀬戸　はい。もちろん、スタッフからOKをいただけているので大丈夫だろうと思っていました。でも、お芝居って正解がないものですし、いろいろなパターンを探っていくうちにだんだんもどかしい気持ちになってきてしまって。さらに、感情が大きく出るような悲しいシーンは、心がどんどん深いところに落ちていってしまって、心をニュートラルに戻せなくなってしまったこともあったんです。でも、試行錯誤をした結果、これで行きましょうと決まった時は喜びましたね。夏芽はとくにそういうシーンが多かったかなと感じています。

――航祐は端から見ていても感情の動きがわかりやすい子でしたが、夏芽は心と表情がリンクしていないことが多かったですね。その点で、演技をすることが難しかったのではないかなとも感じました。

瀬戸　夏芽は自分の思っていることを隠しながら、笑顔でみんなと会話するタイプですからね。それを令依菜に見抜かれて「作り笑い」って言われるんですけど。そういうところが絶妙に子供らしくないんです、夏芽は。そんなぎこちないところがあるので、最初の頃は悩みながらアフレコに臨みました。

田村　私は夏芽と掛け合っていて「自分の気持ちをちゃんと言えよ」って思うことが多かったんです。夏芽は気遣いもあるんでしょうけれど、嫌われたくないとかそういう理由で気持ちを隠しちゃうんですよね。でも、航祐はそんな夏芽の理解者でありたかった。「ほかのヤツには言えなくても、俺には言えるだろ？」みたいな気持ちでいたのに、夏芽がどんどん一人で閉じこもっちゃうのが悲しいんですよ。航祐は航祐で思春期だから想いを素直に言えないタイプの子ですけど、違う理由で言えない夏芽はどうしてもかわいそうに見えてきちゃって。だからこそ、ラスト近くでのっぽくんと一緒にいた時に「私なんかいなくなったほうがいい」って言いつつ、死に直面して「やっぱり

怖い」と泣くんですよね。航祐とぶつかり合った時も、航祐が本当のことを言ったら夏芽も「航祐と一緒にいたい」って言ってくれたので、そうやって素直になればいいのになぁって思っていましたね。航祐がもっと早く素直になれば夏芽も同じように返してくれたのかもしれませんが、二人はギリギリまで我慢するタイプの意地っ張りなんでしょうね。

瀬戸　しかも、夏芽は自分が航祐よりちょっとお姉ちゃんだと思っているんですよね。だから弱いところが見せられないのかも。

田村　航祐に「いじけてたらなんでも買ってもらえたもんね」って言ってたもんね。夏芽は「弟みたい」とも言っていたけど、本当にそう見ていたのかもしれないね。

――コロナ禍ということもあって、キャストの皆さんが集まって一緒にアフレコをすることができなかったと聞きました。

瀬戸　ナラハラのプールで自動販売機を壊そうとするところまでは一緒に録れたんですよ。

田村　何度も録り直しをしたよね。何度もテイクを重ねたから、自分ではあまりやらないタイプのお芝居になっていたなとは感じます。

――途中から掛け合いができなくなったことで、気持ちに何か変化はありましたか？

田村　掛け合いはもちろんできたほうが嬉しいのですが、掛け合いができなくなって妙なプレッシャーを感じることはなかったかもしれません。

瀬戸　夏芽は独白と長いセリフが多かったんですが、そこでも録り直しが何回もあったので、お待たせしなくてよかったなとホッとしていたところはありました。

田村　確かに。アクションシーンもシビアだったよね。アフレコの段階で絵がかなりできあがっていて、すごく動くんですよ。もちろん、アニメーションとして動くのはとてもすばらしいことですが、私たちは映像と台本を両方見ているので、台本を見ている間に通り過ぎちゃうシーンとかがあって。

瀬戸　早かったですね。自宅でチェックしていても「ここ、どうにか入れてって言われるかな……」と思ったりして。そこは頑張るだけ頑張ってあとはスタッフに委ねています。

田村　でも、映像があったからアドリブが必要なシーンは台本を観ていなくても理解できたので、そこはすごく助かりました。

瀬戸　正解がちゃんと見られたのはよかったよね。私たちはその映像にセリフをはめていけばいい。もちろん、完成したものに声をあてるとなると、息づかいのタイミングを決めておかないとハマらなくなっちゃったりもしますけど。

田村　絵では息を吐いているのに、自分は吸ってるとかあったよね（笑）。

瀬戸　そういう意味で、アクションシーンは大変だったよね。

田村　うん、別録りでよかったって思った。

瀬戸　でも、先に録っていた人の声も聞かせてもらえたんですよ。もちろん、最初の人はいろいろ想像しなきゃいけない部分があるけれど、雰囲気がわかった状態で声を当てられるようにスタッフの方が模索してくださったのは、ありがたかったですよね。ただ、やっぱり掛け合いが一緒にできるのはベストだと思います。

みんなを引っ張っていく航祐こそ本物の主人公

――物語全体としては、どんなところが印象に残っていますか。

瀬戸　航祐がすごく未来を見ているところです。ちょっと言いすぎかもしれないけど、航祐は団地の思い出を捨てていきたいのかなと感じていたんですね。夏芽に言い過ぎちゃって後悔しているし、団地という置いていきたいものに夏芽がずっと執着していることも気にしている。のっぽくんが団地の化身だと解釈すると、夏芽がのっぽくんに依存していることも感じている。だけど、イカダに乗って脱出する時に、未来を見ていた航祐がのっぽくんも連れて行くという選択をして、そこで私は救われた気持ちになりました。航祐は団地を捨て置いて次に進むんじゃなく、団地の過去もひっくるめていくと決めた。誰も見捨てないで終わったという印象があって。もちろん、彼らの人生はこれからも続くんですが、ちゃんと全部を持ったうえで進んだなと思いました。夏芽の大事なものでもあるから捨てないという選択をしていて惚れましたね。

のっぽくんの選択がとても切なかった

田村　本当に航祐は主人公っていう感じだよね。少年マンガの主人公って、誰かを見捨てないじゃないですか。みんなを連れて助かるぞという感じはしました。ただ、のっぽくんは自分で自分の存在を認めていて、団地でいることを選んでくれたから航祐たちは元の世界に帰れたので、そこは切なくもありましたね。

――航祐と夏芽以外で、お気に入りのキャラクターを一人だけあげるとしたらどうですか。

瀬戸　どの子もお気に入りなので一人

Mutsumi Tamura's Favorite Voice

みんなの慌て方

のっぽが登場した時のみんなの慌て方は、それぞれに性格が出ていて面白いです。太志が先に下の階に降りて行っちゃって、そこに航祐が続いていくんですが、部屋に入りきる前にドアを閉められて、ドアに挟まった時の顔がめちゃくちゃ最高です。それから、夏芽が登場するシーンも、若干ホラー感があって好きです（笑）。
あとは、最後に航祐と夏芽が言い合いをするシーン。子犬のケンカみたいで気に入っています。

誰も見捨てないで
終われた物語だと思う

ずつ話したいくらいですが……私は令依菜が譲の話をしたいですね。

田村　じゃあ、私が譲を。

瀬戸　譲を譲ります（笑）。

田村　ありがとうございます（笑）。譲は本当にできた子なんです。優しくて気遣いがあって、航祐がのっぽに対して「そんなデカくて短パンはいてたら」って言った時に、「人の格好のことを言うもんじゃ……」って注意してくれるんですよね。端々でオカンのような注意を入れてくれるので、大人から見るとちょっとホッとする存在だなと思いました。精神の平穏を保ってくれる存在ですし、優しいうえに力持ちで。しかも動ける。

瀬戸　衝撃的なシーンもありましたね。珠理が落ちそうになっているところに、夏芽が「あっちに引っ張って！」って無茶を言うんですよ。

田村　ロープしかないのにどうするんだって感じだったけど、力任せに引っ張ってなんとかするんだよね。

瀬戸　あれは本当に起きたことなのか、あの世界だからできたことなのかわからないけれど。

田村　もし、あの世界だからこそだったとしたら、譲の精神力があってのものかも？　譲はみんなが好きになれる子だと思います。音響監督の木村絵理子さんも「結婚するなら譲でしょう」って言っていたし（笑）。

瀬戸　じゃあ私は令依菜を。令依菜は、台本を読んだ時と映像を観た時で印象が変わった部分がたくさんありました。もちろん、水瀬（いのり）さんのお芝居が乗ったところが大きいと思います。令依菜って、鼻につくようなことを言ったり、無自覚で人をムッとさせてしまったりするような発言をするんですよね。珠理ちゃんも言っていたように、ズカズカとものを言う。ただ、彼女自身、言わないほうがいいと判断して言わなかったこともたくさんあると思うんですよ。でも、やっぱり全体評価としてはズカズカしている。それを見ていて、私が苦しくなっちゃって。誰しも、自分が思っている自分と、人に評価される自分に相違があった経験ってあると思うんですね。令依菜自身は、確かにはっきりものを言うかもしれない。けど、彼女が我慢していることがあっても、ズカズカしていると思われちゃうんだなって。しかも、令依菜はまだそのズレを辛いと感じていないんですね。これから先の人生、そういうふうに言われることも増えるだろうし、それに気づいて言動を変えていったりもするのかなって、未来が気になっちゃって。

田村　私はズカズカ言う子だって疑っていなかったから、瀬戸ちゃんがそういう評価をしてビックリした。

瀬戸　夏芽が我慢する子なので、言う子も必要だと思うんです。でも、『漂流団地』に出てくる子たちの家庭環境って、どうなっているんだろうって気になっちゃうんですよ。夏芽と航祐は少し描かれているけれど、令依菜ははっきり物事を言っても、それをちゃんと受けとめてくれる家族がいるのかなとか。珠理が言わなさそうに見えてズカズカ言うところも令依菜の影響を受けているのかなとか、そんなことが気になってしまいますね。

美しい映像と心揺さぶる物語

——ここまで作品のことを聞いてきましたが、お二人は、団地には何か思い出がありますか。

田村　子供の頃、1階と2階が商業施設で、その上に住居、さらに屋上もあるという場所が家の近所にありました。いわゆる団地ではないのですが、マンションというよりは、雰囲気が団地みたいだったんですよ。屋上にジャングルジムやブランコがあって、よく友達と遊んでいました。あと、商業施設で働いているお兄さん、お姉さんと仲良くしてもらった思い出があります。

瀬戸　私は団地に住んでいる友達がいて、その子がゲームを持っていたので、『太鼓の達人』が遊べるからとよく行っていました。短い階段と踊り場、向かい合うドアが印象的でしたね。

——注目のシーンもたくさんあると思いますが、ぜひ最後に作品への熱い想いを語っていただけたらと思います。

田村　飢えかけるような過酷なシーンやかわいそうに思える部分もあります。また、航祐と夏芽、令依菜と夏芽のやりとりなど、観ていて切なく苦しくなるシーンもありますが、それ以上に明るく楽しい場面も待っていますし、美しい映像を何度も観て楽しんでいただけたら嬉しいです。

瀬戸　これからご覧になる方も、すでにご覧になった方も、各キャラクターを観ていると、ふと自分の思い出をかすめるような言葉や出来事が出てくることが多いです。私も観ていて胸がざわっとしましたし、涙も出てきました。そんなふうに素直に感情を動かして観るのも一つの楽しみ方になるのではと思います。それから、冒険している子供たち、その周りにいる大人たちもそれぞれ悩みを抱えているので、どのキャラクターに注目して観ても楽しめますし、心が動く作品になっていると思いますので、ぜひお好きなように楽しんでください。

Asami Seto's Favorite Voice

リアルなお母さん

過去の思い出を白い光で表現しているところに感動しました。それから、漂流前の学校や団地での誰もいない室内での音の反響がすごいんです。本当にその場にいるような気持ちで観ることができました。あと、航祐の家の夕飯シーンが好きです。お母さんが実際にいそうで、ちょっと口うるさく、うっとうしく感じられるところもいいんですよ。あの日常感があるからこそ、漂流するという非日常感がより生きてくるんじゃないかなと思います。

Cast interview

熊谷安次役

島田 敏

しまだびん
11月20日生まれ。新潟県出身。青二プロダクション所属。『ちびまる子ちゃん』（友蔵おじいちゃん役）、『忍たま乱太郎』（ヘムヘム役）など多くの作品で活躍中

夏芽や航祐をあたたかく見守り、健全な成長を願っていた優しいおじいちゃん。
二人にとって、団地同様に欠かせない存在であった安次の魅力とは？

苦労した分だけ優しいおじいちゃんに

—最初に台本を読んだ時の印象について教えてください。

島田　初めて台本に目を通した時は、「えっ？」「この先、どういう展開に？」とストーリーにどんどん引き込まれていったのを強く覚えています。

—確かに、魅力的なお話でした。完成した本編をご覧になったご感想を伺えますか。

島田　圧巻のスケールで描く「ストーリー展開」「作画の緻密さ」「音楽」「芝居」。見事なハーモニーで構築された作品で、「あっ！という間」の試写会でした。

—夏芽、航祐に大きな影響を与えた安次とは、どんな人物でしょうか。

島田　安次の重ねた年月は、相応に山あり谷ありの人生であったと想像し、苦労した分だけ優しいおじいちゃんになったように思います。

—安次は夏芽や航祐をどのように思っていたのでしょうか。

島田　私の好きな言葉に「泣いた分だけ優しくなれる。笑った分だけ楽しくなれる」というのがあります。安次はその重ねた人生の先に、孫の航祐や夏芽が本当に愛おしくなったように思います。

ただ笑うのではなく、それぞれのシーンでは、きっとこんな会話があっての笑いなのだろうなぁと

—島田さんがアフレコで台本にないアドリブを入れられたと伺いました。これは入念に準備されたものなのか、それとも即興なのでしょうか。

島田　印象的なシーンで安次、夏芽、航祐の三人が、とても楽しそうに笑っている場面がありました。ただ笑うのではなく、それぞれのシーンでは、きっとこんな会話があっての笑いなのだろうなぁと。そう思い、サブストーリーを作り、石田監督と音響監督の木村(絵理子)さんの許可をいただき、収録に臨みました。

—安次をはじめ、魅力的なキャラが数多く登場する本作。難しいとは思いますが、一番魅力的だと感じるキャラとその理由について教えてください。

島田　皆とても魅力的だと思います。もしも演じてみたい役があるとしたら、太志でしょうか。ギクシャクしがちなシーンを滑らかにコロガシてゆく潤滑油のような存在だと思います。その昔、小学生役を演じさせていただいた作品もありましたが、さすがに今は無理でしょうね。アハハハハ！

—夏芽や航祐たちにとって団地がかけがえのない場所だったように、島田さんにとってのかけがえのない場所はどこでしょう。

島田　田舎にある家の近所だったように思います。「探検」「鬼ごっこ」「野球」「陣地取り」「蝉取り」「めんこ遊び」「雪合戦」「テレビドラマ再現ごっこ」など。まさに昭和30年代〜40年代の子供時代を、大いに楽しんでいた場所です。

—最後に、読者に向けてメッセージをお願いできますと幸いです。

島田　『雨を告げる漂流団地』をご覧いただき、誠にありがとうございます。手に汗握る「興奮」と「躍動感」を共有できましたら大変嬉しく思います。

Cast interview

橘 譲役

山下大輝

やましただいき
9月7日生まれ。静岡県出身。アーツビジョン所属。TVアニメ『ポケットモンスター』（ゴウ役）や『僕のヒーローアカデミア』（緑谷出久役）など多くの作品で活躍

大きな体と大きな優しさで、仲間たちを見守った譲。
頼りになる男子を演じた山下大輝さんに作品やキャラクターへの想いを聞いた。

ガキ大将かと思いきや気遣いできる優しい子

——『漂流団地』というタイトルを聞いた時や台本を読んだ時の印象について教えてください。

山下　「漂流〇〇」ってわりとトラウマがあるくらいハードな印象だったので「もしかしたら心がキツイことになるかもしれない！」と覚悟を決めて台本を読みはじめたような気がします。わからない人はごめんなさい（笑）。

——譲の第一印象はどうでしたか。

山下　ほかの子たちよりひとまわりくらい身体が大きくて、たくさん運動をしていそうで、健康的な雰囲気を感じました。ガキ大将的なキャラクターなのかなと思っていたら……全然違いましたね！　とっても気遣いができる優しい男の子でした！

——譲は4人兄弟の長男なんですよね。弟たちを普段から見守っていることが、彼の優しさにつながっているように思います。

山下　誰も傷ついてほしくない。皆でずっと仲よくいたい。そのために自分ができることがあるなら、そこに全力を注ぐことができるパワーもある。そして一歩引いて周囲の空気を誰よりも敏感に感じることができる繊細な部分もある。こんなお兄ちゃんがいたら自慢できるなと思いました。僕のリアル兄ちゃんは太志のように自由でやんちゃなタイプなので全然ちがうなぁとも（笑）。

——演技プランについてはどのように検討しましたか。

山下　最初ははっきりくっきり言葉を作ってきたんですけど、もっと丸みというか穏やかというか、子供なんだけど受け入れる器が同年齢の子供たちより深くて広いというか、だけどちゃんと子供、みたいな……。感覚的なところなので、作品を観て感じてくださると嬉しいです！

——夏芽についてはどんな印象がありますか。

山下　彼女は「強くいなくちゃいけない！　しっかりしてなきゃいけない！」と自分に言い聞かせて頑張る感じが危うくて、終始心配でした。それも夏芽のいいところなんだろうなと思いつつ、「もっと頼って！　弱音を言って！」と思うところもありました。

——航祐についてはどうですか。

自分ができることに全力を注げるパワーがある譲です

山下　航祐は意地っ張りで素直になれなくて……。頑張ってしまう、でもそんながむしゃらで壁にぶつかりまくる姿が皆にパワーを与えてくれますね。

——のっぽは物語の途中で印象が変わったそうですね。

山下　口数が少なくミステリアスだなと思っていたのが、どこか天然で、あたたかくて柔らかくて、そして何よりも幼いというように変化しました。淡々としつつもすがりついて泣いてるような、駄々をこねる子供のように感じる瞬間がありました。

——譲は夏芽や航祐、のっぽのことをどのように思っていたのでしょう？

山下　3人とも大切な友達！　だからこそ、一人ひとりの味方であり続けたいと思いながら演じました。友達である期間に長いも短いもなく、等しく皆同じ友！！！

——ところで、山下さんにとってかけがえのない場所はありますか。

山下　最高のハンバーグが食べられる地元のレストランがあるんですが……どんな時も頑張りたい時は頑張るパワーを、くじけそうな時は立ち上がるパワーを、というように、何かする時にパワーをもらうためこのレストランに来てました。毎年母と、父と、ばあばとハンバーグに会いに帰ります。

——ぜひ一度、そのハンバーグを食べてみたいです。では、山下さんにとって、小学6年生の夏の思い出を教えてください。

山下　ずっとテニス漬けでした。朝から夜までテニスクラブでテニス以外のことは考えられないくらいでした！　夏は試合もたくさんあって、勝ったら勝利のハンバーグ、負けたら次に頑張ろうハンバーグしてました（笑）。

——ありがとうございました。最後に本作のファンに向けて、メッセージをお願いします。

山下　この夏、子供たちは大切な何かを見つけます。きっとこの時の気持ちはこれから先に続いてゆく彼らの未来をずっとあたたかく照らして導いてくれる、虹のような存在になるんだろうな。この作品が皆さんにとっての虹になりますように。

Yamashita's Voice

少年少女が本当に健気

「少年少女たちの頑張っている姿が本当に健気で、心のもやもやが劇中の雨と一緒に流されるような不思議であたたかい気持ちになる」ところが本作の面白さだと山下さん。

作詞・作曲・ボーカルを担当するACAねによる音楽バンド。発表する楽曲はリスナーの心を捉え、YouTubeの公式チャンネル総再生回数は6億回、チャンネル登録者数は200万人を超える

Artist interview

主題歌・挿入歌

ずっと真夜中でいいのに。

主題歌および挿入歌を手掛けたずっと真夜中でいいのに。
作詞・作曲・ボーカルを担当したACAねさんに、楽曲制作についてインタビュー！

『漂流団地』というタイトルにぞくぞく

――タイトルや台本に触れて、どんな印象を覚えましたか。

ACAね　『漂流団地』というタイトルからぞくぞくしました。台本を読み、やがて去りゆくものに折り合いをつけること、でもつけられなかったりしながら成長する登場人物それぞれの葛藤や、人柄にいとおしさを感じました。

――主題歌「消えてしまいそうです」、挿入歌「夏枯れ」について、石田祐康監督からは楽曲制作に際し何か要望はありましたか。またそれらを聞いて、どんな印象を持ちましたか。

ACAね　石田監督から「子供たちとのっぽはこの場所でしかつながりがないこと」や「子供たちが直面する問題はそれぞれに解決方法があること」、「漂流したのは子供たちが成長していくために必要な経験で、無駄ではないこと」ということを話していただいたのが脳裏に焼きついてます。私自身もその言葉に背中を押され、作業に取りかかることができました。私がもともと団地好きだということも石田監督とお話できて嬉しかったです。

――制作は順調に進みましたか。

ACAね　制作途中の段階で監督からは「『一緒に居られるか』という問いに対する当人の想いやアプローチに深みや成長を感じられる」と言っていただき、改めてその言葉に戒められました。サビや方向性をまたそこから変えていきたくなり、子供たちの、漂流だけで終わらない先の人生を感じられる曲にしたいと思いました。

子供たちの漂流だけで終わらない人生を感じられる曲にしたい

――主題歌・挿入歌の作詞作曲をするうえで、どんなイメージや想いを込めて作ったのですか。

ACAね　やがて訪れるさよならをどこか思い浮かべてた
きみへの想いが次第に繋がって
またくる夏へと継がれてゆく
自分から出てくるものすべて稚拙で矛盾していたとしても紡ぐことをやめられない
認めてしまう素直さは前向きだと思いたい（原文ママ）

――本作でお気に入りのキャラクターはいますか。

ACAね　猫を飼っていまして、しょうがストリングスという名前です。太志の双眼鏡で覗いている体勢が、しょうがすと（飼猫）に似ててかわいい。それから、夏芽の自分のことは自分でなんとかしないとという姿勢や、どこか諦めてしまって、誰かに言えない頼れないと思う部分は、勝手ながら共感しちゃったり。航祐やのっぽの存在が、夏芽を支えてくれて有り難くなりました、勝手に。

――もしご自身が作中の航祐や夏芽たちのように不思議な海に家ごと漂流してしまったら、どんな行動をとりますか？

ACAね　おお、内心わくわくしてるかとは思います。早めに現状を受け入れ、ほかの部屋まで探索しそうです。のっぽみたいな人に会ったら友達になりたい。ゆっくり同じトーンの会話が繰り広げられそう。

――団地好きとのことですが、どんな思い出が？

ACAね　スーパーの近くに団地がありました。薄暗い時刻にスーパーで買い物をして、少し離れた駐車場から見る団地の規則的で無機質な佇まいは、どこか切なくさせたり、落ち着かせたりさせてくれました。思い返すと懐かしくなれるし、曲を作る際に思い返しました。

――ちなみに、小学生の頃の夏休みはどのように過ごしていましたか。

ACAね　楽曲作りには縁遠く、小学生の頃は休みの日も運動をしに遠征していました。その持久力は漂流生活には生かせそうな気がします（小6のACAね限定）。

――最後に本作のファンにメッセージをお願いします。

ACAね　楽曲制作中、忘れかけてた思春期特有のもやもやを懐かしく思う時間がいとおしかったです。今でも気持ちの気づきを大切にしたいです。ぜひ楽曲とともに作品をご覧ください。

ACANE's Voice

のっぽと夏芽たちの別れ

のっぽが夏芽たちに別れを告げるシーン。「のっぽはやがて訪れるさよならをずっとどこか思い浮かべていたのか、感情を押し殺してきたのか、とか　はーん」。（原文ママ）

あべうみたろう
『星の王子さま ーサン＝テグジュペリからの手紙ー』など舞台作品の音楽を手掛けるほか、映画・テレビ番組など幅広い分野で活躍。アニメ作品の音楽は『ペンギン・ハイウェイ』に続き２回目

Staff interview

音楽

阿部海太郎

音楽を担当した阿部海太郎さんは『ペンギン・ハイウェイ』に続いて、石田祐康監督と２度目のタッグを組んだ。劇伴に込めた想いとは。

10時間かけて石田監督と楽曲が入るシーンを検討

――『ペンギン・ハイウェイ』での石田祐康監督との出会いはどのようなものでしたか。

阿部　石田監督と面識はなかったのですが、僕の音楽を聴いてくれていて声をかけてくださいました。最初にお会いしたのはちょうど夏の暑い日で、僕にとって石田監督は、小さい時の夏休みに出会った友達のような感覚です。

――本作のタイトルに対する印象は？

阿部　「『団地』が『漂流』??」とポカンとした記憶がありますが、その後すぐに石田監督らしい一大ファンタジーになるだろうと、未知の世界への興味が強く湧きました。

――石田監督からはどんなオーダーがありましたか？

阿部　発注時には細かく決まっておらず、10時間ほどかけて楽曲が入るすべてのシーンを石田監督と検証しました。その打ち合わせ中、プールやデパートなど思い出の場所には音や音楽の記憶が備わっており、その音が物体とともに蘇ったら面白いのではと考えたんです。僕は音が記憶の風景を呼び起こす作用に関心があり、アニメーションでは描けない音たちを、そのシーンで表現したいと思いました。

――本作では主にオーケストラによって劇伴が作られていますね。

阿部　振付家のピナ・バウシュは、音の大きさやリズムだけでなく、音楽の内面を捉えて演出に生かしました。石田監督は彼女と同じように音楽の躍動感やメロディを聴く感性が素晴らしい。多層的で、人間が演奏することで豊かな表現が得られるオーケストラで作曲することは、石田監督の作品だからこそやり甲斐があります。石田監督の表現の奥深さを、オーケストラの音楽で形にしたいと考えました。

――シーンに合わせて制作したことで、作曲がはかどったシーンがあれば教えてください。

阿部　航祐がナラハラのプールめがけてジャンプする場面や、夏芽が近づいてくるデパートに気づくシーンはアニメーション映像がないと発想できなかったです。

――劇伴の収録はどう行いましたか。

阿部　知り合いの演奏家を中心に約50人に集まってもらいました。僕にとってはお祭りのような楽しい時間で、やはり長年信頼している指揮者のもとで、1曲ずつ楽しんで録音できました。

――音楽がついた映像を観た感想は？

阿部　作曲時は線画だったシーンに鮮やかな色彩がついて、とても嬉しかったです。画面のよさを引き出したいと思って作った曲が、今度は絵によって、その音楽の力も高められたように思います。

――アニメの音楽制作とそのほかの音楽制作に、違いや難しさはありますか。

阿部　アニメの音楽は曲の長さや、曲が変化する場面などでタイミングを合わせることが本当に大変です。「難しい！」と何度も叫びながら作曲していました（笑）。でも、その制約が楽しいですね。今回はセリフの音声が入った映像を観て作曲できたので、キャラクターたちとセッションをしている気分になりました。

――印象に残っている曲は？

阿部　映画の終盤、沈みゆく団地の屋上で航祐と夏芽が感情をぶつけ合い和解していくシーンの音楽は、作りながら涙が出てきました。

――音楽から離れまして、お気に入りのキャラクターを教えてください。

阿部　やっぱり譲です。見た目の印象ではわんぱくな男子のはずなのに心優しくて、声もとても好きです。

――団地の思い出は何かありますか。

阿部　僕自身は団地に住んだことがないのですが、団地に友達がいたので、今回その風景を思い浮かべました。個人的な思い出の場所は、小さい頃によく遊んだ近所の雑木林です。今は住宅地になってしまいましたが、そのあたりを通るだけで心の中に雑木林が蘇ってきます。

――最後に、小学6年生の夏の思い出を教えてください。

阿部　毎年、母方の実家である宮城の田舎に遊びに行き、今は廃止されたローカル線に乗りながら、当時聴きはじめていたクイーンをウォークマンで聴いていました。今でもクイーンを聴くと宮城の田園風景が目に浮かびます（笑）。

石田監督の表現の奥深さをオーケストラの音楽で形にしたい

Abe's Voice

珠理の「令依菜ちゃん！」

細かな演技の変化が印象に残ったという阿部さん。「珠理の『令依菜ちゃん！』というセリフがどの場面もちょっとずつ違って、すべて大好きです」。

Staff interview

監督

石田祐康

「団地が漂流する」という非日常的な物語を作り出した石田監督。
その企画の発端や、物語誕生の舞台裏について語ってもらった。

簡素ながらそこで完結する団地という形が好きだった

——『雨を告げる漂流団地』の企画は、どのように始まったのでしょうか。

石田　『ペンギン・ハイウェイ』の公開が2018年8月17日で、その年は同作のインタビューや展示イベントなど、宣伝周りに関わっていたんです。そこから年が明けて2019年の頭くらいにツインエンジンの山本幸治プロデューサーから、「次はどう?」という話がありました。その当時、物語のイメージはざっくりとしていて、引き続き小学生を描きたいなと思っていた程度でした。または、なんとなくですが空気を察して……夏の話になるんだろうなと感じていました。そのざっくりとした状態の中で、いろいろな方から企画を出してもらったり、同時に僕も少年少女のイメージや、ぼんやりとやりたいことをメモしたりしていました。そして、声をかけられてから2~3か月後くらいに、団地が漂流している絵を描きました。

——小学生を描きたいというのは、以前から考えていたのですか?

石田　そうですね。「小学生の少年少女」とか「舞台は団地?」とかメモに書いたり、団地の何が好きなのかを図表化するようなこともしていました。そこで団地が漂流している絵を見た山本さんが、「これ面白いね」と言って。多くの企画があったのですが、一度これで進めてみようとなったんです。

——そのイラストには、団地と小さく描かれたキャラと、屋上にSOSの文字が描かれていますね。

石田　はい。パッと見で漂流しているとわかる絵にしていました。ただ、どんな子が乗り込むのか、どうして団地が漂流しているのか、それに何の意味があるのかということはまったく決めていませんでした。

——団地が漂流するというのは、どこからイメージがわいたのですか?

石田　僕は子供の頃からずっと考えていた夢が具現化したということはあまりなくて、ぼんやり考えを巡らせていた時にアイディアを閃くことのほうが多いんです。もちろん、子供の時から積み重ねた妄想や、何を楽しいと思うか、何を素敵と思うかが自然と漏れちゃうことはあります。今回に関してもネタを書いていくなかで、団地が漂流するのは面白いんじゃないかと自然と思ったくらいの感覚でした。

——作中では団地が大きな存在感を示していますが、監督自身は団地に何か思い入れはありましたか。

石田　映画を作るにあたり「住んでみたら面白そうだ」と思ったので、実際に引越しをして、いま住んでいます(笑)。ただ、これまでの人生で、団地に住んだことはありませんでした。僕の家は、団地とは対極の平屋の一戸建てだったんですよ。しかも、漁師さんたちを泊める宿屋を移築して住み続けていたんです。家が建ってから80~90年くらい経っているらしく、昔ながら

幼なじみでお隣さんという近しい関係の少年少女を描いてみたかった

の太い大黒柱に土間、仏間もあって、屋根裏に上がる階段は狭くて急勾配。だから、集合住宅の計画的に設計されていて、整頓されたたたずまいについて憧れがありました。団地のような集合住宅に住んでいる友達の家に遊びに行くのも面白かったですしね。しかも、集合住宅ってだいたい何階建てかになっているので、背が高いじゃないですか。そしてベランダが突き出していて、1階だとその下に謎の空間がある。そういう場所に潜って、探険や鬼ごっこもしました。近くに高層マンションもあったんですが、団地のハンコで押したように同じ形が並んでいるのが好きで。ゴテゴテとした形のマンションとは違う、簡素で素朴でそれでいて必要十分なものが入っている無印良品的な雰囲気がとても好きだったんだと思います。

——閃きから生まれた『漂流団地』という物語の骨子。団地を海に浮かせようとした理由について教えていただけますか。

石田　団地って形がすごくシンプルじゃないですか。ただの箱型で、屋上も平たくて空母みたい。それが理由かもしれませんね。僕は戦闘機が好きでゲーム『エースコンバット』を小中学生の頃よくプレイしていたんです。空母から戦闘機が離陸していく様子になじんでいたので、空母のような団地が海に浮かんでいるというのはいいなと思ったのもあると思います。ちょうどいま上映されている『トップガン マーヴェリック』が熱いですし（笑）。

子供たちが別れにどう向き合っていくか

——『漂流団地』として企画がスタートしてからは、どのように制作が進んでいったのですか？

石田　まずは、出てきたアイデアを形にして、ほかの人にも伝わるようにしました。でも、元々が閃きから自然と生まれてきたものだったので、言葉にする作業は大変でした。そのあと、キャラクターを考えていきました。団地を漂流させる絵を描いたのと同時かその前かに、主人公二人はこんな子だったらいいなという原形は描いていたんです。完成版の航祐と夏芽に近い感じでしたが、いまの航祐よりはもうちょっとエッジが効いていましたし、夏芽ももうちょっと勝ち気でした。そこから設定をあれこれ考えて、幼なじみや団地のお隣さんということも決めていきました。

——幼なじみの男女を描きたかったのですか？

石田　そうですね。『ペンギン・ハイウェイ』が小学生と大人の女性の組み合わせだったので、今度は同い年に、と考えていました。僕自身は幼なじみにそれほど憧れは抱いていませんでしたが、関係値として年齢が近いほうがいいと思ったんです。喧嘩するほど仲がいいを体現するような関係性ですね。ある意味一つのバディものとしてやってみたいという気持ちもありました。団地を舞台にした物語にすると決まった段階で、ほぼ同タイミングで作った二人のキャラクターと合わせて話を考えました。家庭環境についてや、どんな気持ちのすれ違いがあって、最後どうなるのかというのを大まかに考え、まずはよくある三幕構成の基本的な流れに沿って。あるきっかけで団地と共に漂流することになって二人の関係値が変わる。すれ違いもあるけれど、団地の謎が徐々に明らかになり、最後には二人がこだわっていた部分や、諦めなくちゃいけない部分を見つけ、それと決別して帰ってくる。そんな物語にしていました。かなりざっくりでしたし、少しうろ覚えですが……。

——団地が取り壊されるということは、最初から決まっていたんですか。

石田　はい。ただ、最初の案は、漂流する前に航祐と夏芽が団地に立てこもるという方向で考えていました。『ぼくらの七日間戦争』みたいな感じですね。あれも好きなんですが、違うところは、航祐たちは勝利しないだろうと考えていたんです。立てこもったものの漂流をし、そこで将来団地が取り壊され、そこから離れることをどう飲み込むかを描いていく必要があるだろうなと。団地は壊されるけれど、その先にはいろんな未来が待っているわけですよね。団地がなくなることで住む場所が変わり、いずれ中学にも進学する。これから変わっていかざるを得ない将来のためには、ありのままで勝利してこれでいいんだと進めるよりは、ある意味寂しいことですが負けるとか諦めるようにして折り合いをつける。そういう流れにしたほうが物語として説得力があると考えていました。これは自分の性格的な部分もあるかもしれませんが……。最終的には主人公たちが暮らしていた団地と別れる決断をして、それがトリガーになって帰ることができるという話にしようか……と。

——団地の意思のようなものが人型になっているのも印象的でしたが、団地そのものと交流するという案もありましたか？

石田　ありました。それこそ、最初の頃は団地の建物がそのまま話していたんです。漂流している世界が普通の場所じゃないとわかり、子供たちが戸惑っているところに、持っていたラジオかトランシーバーから団地の声が聞こえてくるという設定でした。意思疎通を図りはじめると、団地は主人公の二人が好きで、この世界にいてほしい。ほかの子供たちが帰らないといけないからと説得しても世界を歪ませたり、天地をひっくり返したりして子供たちを迷わせ、あの手この手を使って世界から出さないようにする。そんなスペクタクルも考えました。

——団地の化身的存在であるのっぽと異なり、手法が強引ですね。

石田　しかも、子供たちが奮闘した先で、その子たちが団地に住んでいた時に一番大切にしていた思い出を目の前で見せるんです。主人公の男の子には、つっけんどんになる前の、親と純粋無垢にわちゃわちゃと遊んでいた頃の光景を。女の子のほうはもう少し複雑で、最初の設定では母親が再婚して新しいお父さんとも暮らしていることにしていたんです。しかも団地から引っ越して、かなり不遇な目に遭っていた。そこに引っ越す前の、実父とのあたたかい思い出の記憶を見せるんですね。それを目の当たりにした時にどうするか、そこであきらめるという選択ができるかみたいな物語でした。最終的には、ちゃんとあきらめる選択ができて、団地にありがとうと言えるし、団地自身もそれを受け入れて消えていくのですが……。

――では、なぜのっぽが登場することになったのでしょうか。

石田　確か、人の形をしていたほうがいいというのは、山本さんの意見だったと思います。意見の取り違いもあり、それで企画の方向性がしばらく逸れたりもしましたが……。ただ、団地の形であれ人の形であれ、未練を抱えているというところは1周回って合っていたのだと思います。これがのちののっぽになりますが、当初の想定では、取り壊されたくない想いが強かったので、かなり強引に抵抗していたんですよ。その後いろいろとアイデアやストーリー構成を揉んでいって、壊されていくことに対して一抹の不安、寂しさはあるけれど、それなりに受け入れている設定となりました。だから、のっぽは静かに佇んで、解体される日を待っているような状態だったんです。

――成仏したいような気持ちに近いんでしょうか。

石田　そうかもしれませんね。ただ、そこに夏芽と航祐という、ここに〝住んでくれていた〟子が現れてしまった。のっぽ自身は、解体を我慢して受け入れている部分もあったのに、目の前に二人がやってきてしまって、やっぱりこの子たちが好きだなという気持ちを改めて感じてしまったんです。

――それが、漂流する原因になってしまっている？

石田　そうです。序盤こそ無自覚でしたが、徐々にわかっていく。自分はこの気持ちを持っているから、子供たちも一緒に漂流することになってしまった、と。

――航祐たちはどのくらいの期間、漂流していたのでしょうか。

石田　1か月は経っていなくて、2週間くらいです。現実世界では、漂流が始まった晩に子供たちが帰ってこなくて、朝になったら帰ってきた、くらいの時間経過ですね。

――さすがに、現実世界でも数週間いなかったわけではないんですね。

石田　その点については、いろいろ話し合いました。現実世界でも数週間いなくなっているとんでもないことになるので、塩梅を見て一晩にしました。それでも小学生の子供が一晩帰ってこないというのは大ごとなので、きっと親御さんたちは警察などに連絡していたでしょうし、夏芽のお母さんは一晩中走り回っていたはずです。

のっぽの服装は団地が建った頃のイメージ

――キャラクターの設定に関しては、どのように決めていきましたか。

石田　航祐は最初からつっけんどんな男子小学生にしようと思っていました。とくに夏芽に対してはちょっと当たりが強い感じ。最初のラフでもほかの子たちより切れ長の目で瞳が小さかったですね。でもわかりやすくいえばツンデレとして愛嬌が出ればと。

　夏芽はボーイッシュで元気に見えるけれど、過去の辛かったことや現在も葛藤を抱えています。それらをどうしても隠してしまう子。二面性があり、ある種もっとも〝キャラクター〟ではない〟生感重視の子になりました。小学生女子は男子より大人とよく言いますが、ちょっとお姉さんぶった振る舞いで、航祐からも姉貴面するなと言われているような面があります。わかりやすい部分はそれくらいでしょうか。僕自身、夏芽はどうしても一番気にかけていた子でした。ただ正直なところ、その生々しい感じのため周囲に理解を得るのが一番難しい子でもあったので、辛かったですね……。

　のっぽに関しては、最初はメガネをかけていて、もっと外国人風の子だったんです。でも、団地の特性やほかのキャラクターとのバランスをとっていまの感じになりました。航祐から「でかくて短パン」とツッコミが入っていましたが、長袖のセーターを着ているところも、昭和の時代感がありますよね。髪形に関しても団地が建った頃をイメージし、当時の資料をもとに考えました。それぞれ子供たちや、大人に関しても基本的には原案を自分のほうで描き、それでキャラクターデザインの発注をしています。

作品世界の中に入っていくような音楽を

――音楽は『ペンギン・ハイウェイ』に続き、阿部海太郎さんが担当しています。阿部さんにお願いすることになった決め手はなんですか？

石田　アニメーションや映画の劇伴は、基本的にそのシーンで伝えたいムードと、人物の感情を伝えるとてもとても大きな手段だと思います。ムードと感情の機能を果たしさえすればなんとかなる面もあるかもしれませんが、でもそれだけじゃない部分も持っていてほしいなという気持ちもあったんですね。海太郎さんとは『ペンギン・ハイウェイ』でご一緒した時に、「この方の音楽は何かありそうだ」と感じたんです。海太郎さんは、『ペンギン・ハイウェイ』が初のアニメの劇伴でしたが、いわゆる劇伴と言えばこれだけやっておけば大丈夫みたいなポイントだけではない〝揺らぎや余白〟のようなものを感じる音楽を作ってくださったんです。今回はそれに加えて、『ペ

ずっと続いてほしいものを
どうやってあきらめていくか
という物語

これからも悩めるキャラクターに耳を傾けてみたい

いしだひろやす
1988年生まれ。大学在学中に自主制作アニメ『フミコの告白』を手掛け、注目を集める。2018年にはスタジオコロリド初の長編アニメ『ペンギン・ハイウェイ』で監督を務める

ンギン・ハイウェイ』と比較すると主人公が年相応の普通の子供のためか、その感情を素直に表現する必要があったので、より王道にも近いエモーショナルなメロディも聴かせていただきました。感動的でした……。

——アニメや映像作品では、音楽の果たす割合は大きいですよね。

石田　そう思います。僕はイラストやマンガも好きで、その道に進もうかと考えたこともあります。でも、アニメや映像作品の音楽が付くところがすごく好きで。音楽があるから、映像を仕事に選んだところも大きいんです。時間の芸術というか、時間があるからこそ音楽があって、だから表現できる感情がある。そこが好きなんです。

——そのくらい力を入れている音楽ですが、今回はどのようにオーダーをしていきましたか。

石田　まずはこのシーンにおいてはこんなムードと感情の曲がほしいというメニューをお渡しし、あとはメールベースでのやりとりです。ただ、僕は音楽の専門知識がないので、例え話を使いながら地道に長文で考えを伝えていきました。読むほうも大変でわかりづらい部分もあったと思いますが、海太郎さんは予想を超える音楽をたくさんくださって。とくに印象的だったのは、デパートが漂流してくるところ。突然クラシックが鳴りはじめるんですよ。ビックリしました（笑）。でもいいと思いました。そこで一つのアイデアとして、デパートのなかで流れているような音楽だと感じてもらえるように、古びたスピーカーからモノラルで流れるような処理を加えたんです。ほかには観覧車が流れてくるところも同様です。暗闇の中からパレードのような音楽がスピーカーで流れてきて、それが近づいてきたら、いつの間にか頭の中で流れている音楽になっている。音源としてはそのまま使うか悩みましたが、航祐たちの目線になって世界に入っていく感じがそこで必要に思え、いろいろ工夫しています。劇伴の基本はやはりキャラクターの感情を伝えるための脳内音楽のようなもので、実際の作中の空間には流れていないのが通常です。でも処理をかけると一気に環境音に近いものになりそれが面白かったので、実際に音楽がその場でキャラクターにも〝半分〟聞こえているんだという形にしたんです。デパートにせよ観覧車にせよ、脳内の感情音楽と劇中での状況を示す環境音楽が合わさることで、独特の観賞体験になるだろうなと感じています。

漂流していることがわかるような海の色

——映画のなかで、とくに見せ方にこだわった部分はどこでしょうか。

石田　細かいところで言うと、オープニングをすごく大切に作りました。オープニングに入るまでのアバンもスムーズにしたいと思ったんです。実際、『漂流団地』に関しては、オープニングがなくても映画としては成立するんです。航祐と夏芽が走っているだけなので。でも、オープニングは二人が最終的にどう折り合いをつけるかというところにつながっている。本当にあきらめられるのか、捨てられるのかと問うている。

——とても幸せそうな二人なので、この大切な思い出が残った場所を捨てなければならないと問われるのは、辛いだろうなと思いました。

石田　ただ、僕としては二人の関係性がずっと続けばいいなという想いも込めて作っていたので、あきらめられるのか、というような強いニュアンスは込めてはいないんですね。それでもやはり、のちのちの決断につながっていくんだろうなと思いながら描いていました。それから、映画が始まってからの数分間で、観ていただく方に信頼してもらいたい、安心してもらいたいという気持ちもありました。導入部分で、航祐がスマホを見つめて夏芽に電話しようかどうしようか迷っている。あきらめた瞬間に母親から「ご飯だよ」と呼ばれて驚いた航祐が、スマホをベランダから下に落としてガーンとなっていると母親から「何やってんの～？」と言われたところでタイトルが入る。他愛のないやりとりですが、のんきなお母さんの声と海太郎さんの美しいピアノの曲が高鳴っていく……。そのヘンテコなギャップが好きで作っているところもありました。

——作中では、ほぼ海のシーンということで水の描き方も印象的です。

石田　僕は学生時代、卒業制作で雨をモチーフにした作品を作ったことがあるんです。作中ではずっと雨が降っているのですが、ひたすら水面や雨の表現、波紋を描いたんです。覚えたての技術でどう揺らすか、どう風景を反射させるかを楽しんでいたので、『漂流団地』の制作も似たような感覚で挑んでいます。雨や水って、存在しているだけでちゃんと映像になる感じがいいんですよね。シズル感も出て。もちろん、スケジュールや人員などで、制作面では難しい部分もありました。でも、『雨を告げる漂流団地』で雨や海にこだわらなくてどうするという想いで、美術とCGと撮影で海のシーンはこだわりました。

——美術監督の稲葉邦彦さんは「太平洋のシリアスな深い海をイメージして描いた」とおっしゃっていました。

石田　そうお願いしました。漂流状況をわかりやすくするには、頼る島のない太平洋のど真ん中くらいのほうがいいと思ったんです。だから、海の色は濃くしてもらいました。スタジオコロリドの作品って、ハーフトーンの優しい色合いが多いと言われることがありますし、実際僕もそういう色合いは好きではあります。でも、逆に締まった色も好きで。稲葉さんも最初はもうちょっとシアンが入ったような美しい海の色を考えてくれましたが、漂流状況を中心に描こうとすると、海の色は濃いほうがいいんですよ。そこで試行

錯誤をしていただきました。美術とは別の話になりますが、SEも漂流している間は絶えず波の音を入れてもらいました。これもあの手この手で。

――後半、スタッフ間で「黒ウミホタル」と呼んでいたというシーンは、アートアニメのようになっています。その点でのこだわりは？

石田　黒ウミホタルのシーンは、作中では一番説明を避けています。

――黒ウミホタルの正体が何かは、明らかにされていませんよね。

石田　ここは想像に委ねたほうがよい部分だと思っていたので。ただ、技術的な点でいうと、撮影監督の町田さんにはサンドアートとかセルアニメじゃない方向で1回探ってもらいました。こちらも何回ももう一声といってしまって、大変苦労をさせてしまいましたが、その甲斐あってのビジュアルになっていると感じています。暗いのも相まって、初見だと質感などがわかりにくいかもしれませんが、通常の商業アニメの撮影とは違う手法だと思います。個人的にはアートアニメーションと呼ばれる領域も好きでよく観ていたので、そのような感覚でオーダーしました。

令依菜は夏芽と同じことを感じ取れる存在

――作中に登場する子供たちの中で、監督が好きなキャラクターは？

石田　単純な好きとは境界を超えている気もしますが、夏芽ですね。彼女の場合はちょっと複雑で、もしかすると航祐から見た視点と同じようにずっと気にかけていました。それから、ほかの子たちももちろんそれぞれ好きですが、中でも令依菜は別の意味で気にかけていました。彼女の物語も考えてしまいましたし。物語のA面が夏芽を軸に航祐とのっぽが関わっている話だとすると、B面に令依菜がいます。

――令依菜が物語の後半に、嵐の中で思い出の観覧車の少女と出会うのも印象的でした。

石田　観覧車の少女と出会うことで、令依菜は夏芽と同じ気持ちを抱くんです。夏芽は団地、令依菜は遊園地。暗にそれを珠理にも指摘されているわけですが、その一連の順序には苦心しました。最初の案では観覧車の少女は存在していなかったんです。でも、のっぽの存在を説明するためには、同じような建物の子がほかにもいたほうがいいだろうということで作りました。そして令依菜は遊園地が好きという設定がすでになんとなくあったので、想像がつながっていきました。令依菜は「フロリダのランドじゃなきゃダメ」とか言っているけれど、じつは子供の頃にパパに連れられて行った近くの遊園地が大切な思い出としてある。令依菜はそういう経験や記憶をなんだかんだ捨てていないので、夏芽に一番突っかかっていたのとは別軸で、夏芽を少しだけ理解できる。そうなればいいなと考えました。令依菜はキャラクターとして派手でわかりやすい子なので目立ちますが、譲や太志、珠理も令依菜のような子が存在するために欠かせない子だと思っています。

――作画スタッフの起用にもこだわったそうですね。

石田　例えば嵐のなかで航祐たちが団地にしがみついている一連のシーンがあるんです。そこは大学で自主制作をしていた時に、作画を一緒にやってもらった川野達朗くんにお願いしました。当時からとにかく絵のキレがすごくて。実際にこのシーンの危機感がキレよく出ています。それから、『ペンギン・ハイウェイ』の時からお世話になった山田奈月さんには、嵐のなかで航祐が夏芽と対峙するシーンをお願いしています。「一緒にいたい」と叫ぶところですね。情感ある感情芝居を描いてもらったのですが、とても見応えがあります。それから、石川準さんには幼い夏芽が団地に引っ越してきたシーンをお願いしています。とにかく絵が優しいんですが、回想シーンにピッタリなんです。見ていて和みます。また、原画に上がりたての斎藤暖くんの根気強く力感のこもった並々ならぬ仕事量も忘れられません。その情熱はおそらく誰よりも上だったと思い返します。あとは、刈谷仁美さんとはNHKの連続テレビ小説『なつぞら』をお手伝いした際に知り合ったんですが、今回はアバンから夏芽が寝転がっているところ、工事現場の作業員たちの様子、教室のシーンなどを担当してもらいました。このあたりのシーンはキャラクター紹介にもなるので、魅力的に動いてくれないといけない。そういう点で刈谷さんにお願いしてよかったです。刈谷さんは独自の動きを盛り込んでくるんですよ（笑）。予想外のことも起こるけれど、それがちゃんと面白さに転化しているのでいいなあと。デパートに上陸してから離脱するまでの一連のシーンもお願いしましたし、最終的に第二原画と呼ばれる原画をまとめる大事な仕事も手伝っていただいたので、本当にちゃんとお会いして感謝の言葉を伝えたいです。

――すでにご覧になった方、これからご覧になる方もいると思います。監督から最後に作品に込めた想いを聞かせてください。

石田　『ペンギン・ハイウェイ』は原作ありきでしたが、今回はオリジナル作品で、少し暗い作品になってしまいました。でも、自分はこれが必要だと思っています。このご時世だからという作品になってしまった部分もあるので、ちょっと辛いのですが……（笑）。だからきっと次回の作品は極端に明るい作品か、あえて極端に暗い作品かに別れるような気もしています。悩めるキャラクターは嫌いではないですし、改めて『雨を告げる漂流団地』を作ってそういった気持ちの部分に耳を傾けたいんだろうなという感触を得ました。そういう気持ちの部分で共感していただける方がいたなら、それがいまは何よりの幸いです。

Ishida's Voice

子供らしい遊びは卒業していたかも

小学校６年生の夏休みは、どちらかというと中学生に近い遊びをしていたような気がします。小学生の頃って、ミニ四駆、ヨーヨー、遊戯王カードと毎年遊びが変わっていたんですね。でも、小学校５年生の時にいわゆるホビー系の遊びを卒業して、プレステのゲームで遊ぶようになって。外で秘密基地を作るのもやめていたように思います。ゲームをしつつ中学に上がるための準備をしていた、そんな小学６年生の夏でしたね。

石田祐康監督　初期スケッチ集

『雨を告げる漂流団地』の構想初期段階で、石田祐康監督の手により描かれたスケッチ。

これらをもとに作品が練り上げられていった。貴重なイラストの数々を大公開！

↑キャラクターの変遷について。のっぽのポジションのキャラクターは当初「エミル」という名前で、金髪にメガネの少年だった。夏芽がのっぽを「のっちゃん」と呼ぶ案もあったようだ

↑団地自身が子供たちに語りかけるシーン。耳をすませば団地の声が聞こえてくる？

↑団地に子供たちが立てこもり大人たちと対峙。拡声器を使い主張をアピール

→団地が見せた夏芽らしき女の子と実父の幸せな時間。女の子は男の子以上に団地に気持ちを引っ張られている

→航祐らしき男の子が団地に過去を見せられている。母親とのあたたかな日常の光景だ

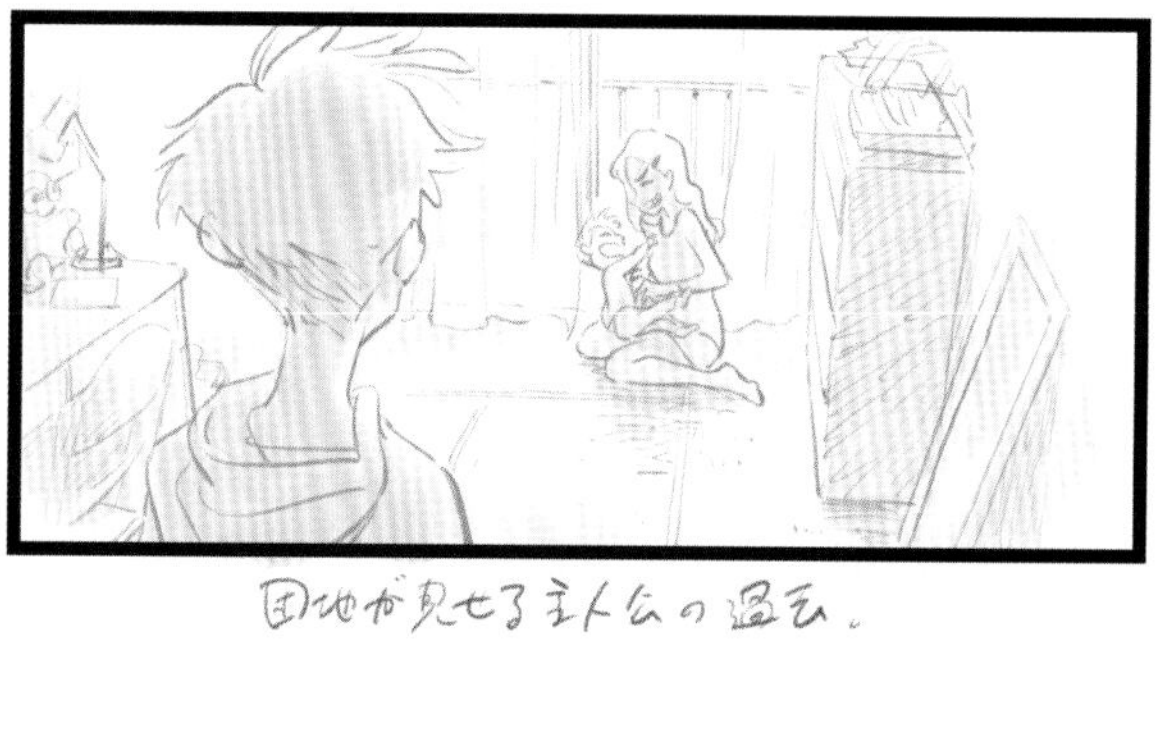

Staff interview

キャラクターデザイン
永江彰浩 × 加藤ふみ
キャラクターデザイン補佐

『ペンギン・ハイウェイ』では作画監督として参加した永江さんと加藤さん。
二人は石田祐康監督の意を汲み、どのようにキャラクターデザインを起こしていったのだろうか。

石田監督の壁当て相手を務めて物語を練り上げる

――『漂流団地』の第一印象は？

永江　SF作品になるのかなと思いました。漂流団地という言葉の響きから魔法のようなものというか、現実的じゃないなと。これは設定から検討しなきゃいけないなと思いました。

――キャラクターデザイン担当の方が作品の設定も考えるのですか。

永江　キャラクターデザインをはじめる前、石田祐康監督によるイメージボードしかない時から本作に関わっています。つまり作品をどうするか創作の幅がたくさんある時期に話を聞いたので、SFの方向性をはじめ、さまざまな想像をめぐらせました。

加藤　私は永江さんより少しあとに制作に参加しました。漂流という言葉を聞いて「サバイバルもの」をやるのかなと。当初は群像劇的な色も強かったので、サバイバルの考証を含めて大変そうだけど楽しそうだと感じました。

――永江さんが石田監督からキャラクターデザインを打診されたのはいつ頃でしたか？

永江　イメージボードができあがった時期だと思います。ただ物語をどうするかというのは決まっていなかったので、僕は脚本会議にも出席して物語作りに立ち会っています。

――キャラクターデザインの方が脚本会議に参加するというのは、あまり聞いたことがありませんね。

永江　コロリドならではだと思います。当時は石田監督が描いた漂流団地のイラストがある、完成した作品ではのっぽになっていますが不思議な存在がいる、そして主人公がいる。さまざまな要素がある中で何を主軸にするかは決まっていませんでした。そこで石田監督が「こうしたい」という意見を出し、僕らスタッフが応答するということを繰り返していたんです。

――石田監督のアイデアの壁打ち相手を務めていたんですね。

永江　結果的に航祐と夏芽にフォーカスが当たる作品になりましたが、のっぽのような不思議な存在がメインで語られる方向性も考えました。

――加藤さんは脚本に何か提案を？

加藤　ナラハラのプールに航祐と夏芽が潜入したシーンは、当初は夏芽がケガしたあと航祐が一人でなんとかするという内容でした。これだと夏芽が助けられるだけのお姫様みたいになってしまうので、航祐と二人でがんばるようにしてはと提案しました。

――キャラクターデザインについては、どのように進めましたか。

永江　デザインの作業はそれほど時間をかけていないです。石田監督のラフでデザインの方向性がある程度示されていたので、それを自分なりに解釈し出力して、加藤さんのアイデアを加えたもので石田監督にチェックを受ける。そんなやりとりをしていました。

――石田監督のキャラクターイラストを見た時の印象は？

永江　石田監督とは長く一緒に仕事をしているのもあり「石田さんらしいな」と。見た目である程度性格が出ていて。

加藤　石田さんのラフと、それをもとに永江さんが描かれたラフを一緒に見たんですが、初期の案ではエッジを立たせたデザインにしていたものもあって、試行錯誤されている感じがしました。あれはあれですごくかわいかったです！

永江　僕としてはいままでと違う感じをやってみたかったんですが、石田さんはこれまでのデザインを踏襲したいようだったので、以降は『ペンギン・ハイウェイ』『泣きたい私は猫をかぶる』の流れを汲み、抑えめにして航祐と夏芽を描き直したら「この方向性で」となりました。それからは加藤さんの描いたものとミックスさせてバランスを取り決定稿にしました。

――永江さんと加藤さんで役割分担はどうしていたのですか。

加藤　キャラクターごとに分担せず、メインのキャラクターは二人で描いていきました。

永江　二人の作業をミックスしてキャラクターデザインを作っていますが、令依菜と珠理は加藤さんの比重が大きい。それからサブキャラクターは担当できるほうが進めています。例えば安じいは僕が担当し、令依菜の家族は加藤さんが作業しています。

――キャラクターデザインの作業で印象に残っていることは？

加藤　石田監督のラフがあったとはい

石田監督の方向性を踏まえ
それぞれの描いたものを
ミックスして決定稿に

ながえあきひろ
スタジオコロリド所属。『泣きたい私は猫をかぶる』では、猫世界におけるコンセプトデザインを手掛ける。そのほかに『FASTENING DAYS 2』キャラクターデザイン・作画監督などを担当

バリエーションを出したくて
夏芽のショートカットは
3種類ぐらい描きました

かとうふみ
『泣きたい私は猫をかぶる』ではキービジュアルを手掛けたほか、作画監督を務める。そのほかの代表作として『ペンギン・ハイウェイ』作画監督。イラストレーターとしても活躍

え最初は手探りでの作業だったので、バリエーションをいくつか出したんです。夏芽のショートカットの髪形は3種類ぐらい描きましたね。

永江　僕も夏芽は印象に残っています。当初は結構ボーイッシュなキャラクターとして描いていましたが、彼女ってあまり記号的に描けないキャラクターなんです。航祐なら「ツンデレの男の子」というようなわかりやすさがあるんですが、夏芽にはそれがない。石田監督も思い入れが強く、なんとか要望に応えていきました。

のっぽのセーター姿は「普通ではない」アピール

——のっぽの短パンなどの衣装は現代では見かけず、特徴的でした。

加藤　のっぽの服には資料がありましたよね。

永江　昭和50年代の男の子がこんな格好で団地で遊んでいたようです。ちなみに、夏なのに襟付きシャツの上から長袖セーターを着ているところは、のっぽが普通の存在ではないというアピールポイントになっています。

——一方で、夏芽たちはいま風の小学生という格好ですね。

永江　現在の小学生が好きそうな服のトレンドを取り入れたのが令依菜。航祐は1990年代に流行した、ちょっとダボっとした服にしています。

加藤　ちなみに、航祐のシャツに描かれているスポーツメーカーのロゴや、夏芽のシャツの胸にある兎のデザインは私が担当しました。

永江　小学生って激しい柄の服を着ていることがあるじゃないですか。太志にはその印象が最初からあったので、彼のイメージカラーでもあった黄緑色を取り入れてデザインしました。

——全体の作業を振り返ってみて、苦労した点などはありますか。

永江　僕は役職を逸脱することをいっぱいやりましたね。これまで作監など仕上げの作業は経験しましたが、今回は制作の川上の作業に当たる絵コンテも描きましたし、監督修正もしました。自分が担当した川上の作業が、どのように仕上がっていくのかを見届けることができました。

加藤　本格的にリモートで長編を制作したのは初めてだったので、普段との勝手の違いを感じました。出社しないぶん、作業時間を取ることができた反面、ほかの方がどんな作業をしているのかの雰囲気がつかめなかったので、若干やりづらさはありましたね。

——お気に入りのシーンは？

永江　作画の観点からになりますが、斎藤暖くんががんばっていた、物語終盤の観覧車のシーンです。何が起こっているのか把握するだけでも大変なうえ、観覧車の機械的な仕組みを正しく把握して、説得力が出るように描写をしなければならないですから。

——ちぎれたケーブルが激しく動き回っていましたね。

永江　じつは観覧車の美術設定も斎藤くんが担当しています。具体的に描き切るのが大変なシーンなので、頭が上がらないです。

加藤　夏芽が幼少期を振り返るシーンがありますが、そこでようやく夏芽という人物が立体的に見えてきました。子供にしかわからない困難さを抱えているんだなというのが共感できて、心にくるシーンです。

——ところで、お二人は、団地に関する思い出はありますか。

加藤　上京して初めて団地を見たんですが、夜、帰宅中に見た団地がとても壮観でした。東京の外れのようなところでしたけど、たくさん明かりが灯っていて「明かりの数だけ人がいるんだ。東京はすごい」と感じましたね。

永江　小学校の頃、団地住まいの友達と遊んでいると、帰る時間になったら、私を置いて友達はみんな同じ建物に入って行くんです。それをちょっとうらやましく思いました。

——ファンに向けてメッセージをお願いします。

永江　本作は物語もキャラクターも何もないところから生み出しました。そういうものが観てくださった方の心に残ったら本当に嬉しいことなので、楽しんで観てください。

加藤　まずはこの映画に興味を持っていただいて、ありがとうございました。航祐や夏芽のような子供たちはどこかにいるかもしれない。そんなことを感じられる映画になっていたらいいなと思っています。

Kato's Voice

しゃべる太志

お気に入りのキャラクターは太志。「音声がついたフィルムで観ると、ずっとしゃべっている太志がかわいいなと思いました」。

Nagae's Voice

航祐と夏芽の声

「航祐と夏芽のオーディション音源を聞き、いまの声がぴったりだなと感じました」。声を聞いたことで作業が進んだ側面もあったかも。

Staff interview

美術監督

稲葉邦彦 × 広瀬いづみ

色彩設計

団地のある日常風景から彼岸の世界まで、
魅力的な世界観を作り上げた二人に、そのこだわりを聞いた。

石田監督こだわりの血潮感と団地愛

――最初に本作のプロットを見た時の印象は？

広瀬　実は少し前に、子供たちだけで冒険するストーリーの作品に携わっていたんです。なので、本作についても限られた空間の中で仲間同士で知恵を絞って力を合わせていく物語なのかなと、親近感が湧きました。そして、どんな冒険が待っているのだろうとワクワクしました。実際のお話では、食べ物がなくなったりして相当過酷な状況下でしたが。

稲葉　「団地」という言葉も、「漂流」という言葉も哀愁のあるクラシカルな印象のネーミングですよね。その知られざる歴史を探っていこうという感じなのかなと思い、早くストーリーが知りたいなと最初は思いました。あと、なんで団地なのか気になって、石田監督のことをネット検索したんです。そしたら、熱く団地愛を語っている記事を発見してしまい、これは本気でやらないとなと感じました（笑）。

――それぞれの仕事内容を教えてください。

稲葉　僕は美術監督を担当しています。イメージボードや背景、風景などを作りました。数で言うと、全部で1500枚弱です。約35人で制作しており、その取りまとめをしていました。

広瀬　私の担当は色彩設計です。簡単に言うと作画されているものすべてのベース色を決める仕事です。航祐や夏芽たちキャラクターの肌の色とか、髪の毛、服の色などを考えていきます。それから美術ボードに合わせて、キャラクターを色変えし、その空間で自然に調和するように調整していきます。

――コロリド特有の作業などは？

稲葉　キャラクターの色を決めていくのが重要だと思うので、広瀬さんの手が止まらないようにはしました。

広瀬　ありがとうございます（笑）。私のほうは、自分の仕事のスタイルとして、美術ボードにのせたキャラの色を作るだけでなく本番素材の絵で色確認もしています。スケジュール的にも全部確認するのは難しいのですが、シーンの鍵となるカットの絵や、設定のない料理やグラスに透けた水など、こだわりたいカットは美術素材に本番セルを重ねて色を見るようにしています。

――石田監督からはどんなオーダーがあったのでしょうか。

広瀬　石田監督は肌色の血色にこだわっていたと思います。キャラクターたちが生き生きと元気に見えるように肌の影色に「彩度を足して血色よく見せては」と自分から提案して採用されたのですが、本編序盤で夏芽がテーブルに突っ伏して寝ているカットでは、思った以上に石田さんから血色を足して欲しいと要求されました。「もっと血潮感が欲しいです」と。「血潮感」とは『ペンギン・ハイウェイ』の時に石田さんとのやり取りで生まれた言葉です。太陽に手をかざすと、輪郭部分などが赤く見えますよね。そんな効果を狙っています。

稲葉　僕の場合は団地が漂流する海ですね。最初は、コロリド作品ということもあり、南国のリゾートっぽい海を想像していました。でも、石田監督からそういうのではないと指示がありました。監督がイメージしていたのは、冒険者の海とかシリアスな海だったんですね。モデルが具体的にあるわけではないのですが、太平洋の海溝などがある深い海をイメージしています。

広瀬　海の色は確かにそうでしたね。最初の頃、マスターモニターで稲葉さんの描いた海をチェックした時に、実際の絵の色よりもマゼンタ寄りに見えるということがありました。稲葉さん的にはもう少しスカイブルーの色相のはずだったと……。なので、モニターを調整してもらったり、「これでいこう！」と、決まるまでに少し時間がかかりましたね。

――背景の色とキャラの色のバランスも考えないといけないですしね。

広瀬　夕暮れとかになると海の色がスカイブルーからちょっと赤みがかったブルーになります。キャラクターにも同じような操作を足していきます。それぞれのシーンごとに、そういった細かい色の調整をしています。

――稲葉さんは、作業をしていて一番大変だったことは？

稲葉　団地ですね。構造的に要塞とか戦艦のような雰囲気があって、描くのは面白かったんです。でも、外的環境

構造的に要塞とか戦艦のような
雰囲気があって
描くのは面白かった

いなばくにひこ
静岡県出身。『時をかける少女』『ジョバンニの島』などの作品に参加。2019年よりコロリド美術部で活動。直近は、『BURN THE WITCH』『なつのにわ』などで美術監督を担当

こだわりたいカットは美術素材に本番セルを重ねて色を見るようにしています

ひろせいづみ
『ポケットモンスター ソード・シールド』初の本格アニメーション作品『薄明の翼』をはじめ、『ぼくらの7日間戦争』『なつのにわ』『ペンギン・ハイウェイ』などの制作に参加

に合わせて団地を徹底的に表現していかなくてはならず、そこはとても気を使いました。例えば、朝昼晩と時間によっても印象は変わりますし、作中の時間軸の中でもツタが生えたり一部が崩壊したりと変化する。しかも、それらによって中の構造も変わっていく。ある意味、団地が大きなキャラクターのようにも感じられました。

カラースクリプトを超えられるか

――印象に残っているシーンは？

稲葉 物語の終盤、団地が彼岸の世界へと向かうシーンがあります。ここは自分なりのアイデアを割と自由に入れさせてもらいまして。石田監督も喜んでくれて、ご自身の奥さんにも見せてくれたりして。とても気に入ってくれたようで嬉しかったです。

広瀬 私はBパートののっぽ登場シーンです。あそこは、色チェックの時の副産物が採用されました。制作序盤の原画では、演出でのっぽには目が描かれていませんでした。恐い感じに見せたかったのかもしれません。なので、色チェック素材も自分のほうでのっぽの目を肌の色で塗りつぶして目を隠して原画の状況に合わせたんです。そして、レイヤーの「表示・非表示」を選んでいる際に、たまたま塗りつぶした肌の色が黒く表示された瞬間があり、石田さんが「これ、いいかも……」となったのです。まるで映画『呪怨』に登場する少年の霊みたいな感じが気に入ったのでしょうね。まさかの副産物でした（笑）。

――今回はカラースクリプトを掲載します。こちらの制作は、稲葉さんなんですね。

稲葉 初めて作りました。美術担当なのでこれまでさまざまな舞台や背景などを描いてきましたが、キャラを描いたのは初めてです。だから、プロに見られるとすごく恥ずかしいのですが、あれは簡単にいうと画面の設計図なんですよね。映像全体を把握するためのもので、勢いに乗って描いていたりもして、そこがよかったりもするんです。だから、変にカラースクリプトにディテールを描き足すことで、つまらない絵になってしまうこともある。そんなことを踏まえて、カラースクリプトと実際の映像がどう変わったかということを見比べて見ると、僕でも気づかないような発見があるかもしれません。

――そのカラースクリプトをご覧になって、いかがですか？

広瀬 稲葉さんの場合、カラースクリプトがそのまま美術ボードと言ってもいいくらいのクオリティだったので、力が入っているなと思いました。でも、今のお話を聞くと、本番の映像とカラースクリプトと見比べたくなりますね。

――ロケハンには行きましたか？

広瀬 私は行ってないです。

稲葉 僕は、常盤平団地へ行きました。団地の博物館（松戸市立博物館）にも行きました。石田監督も一緒で、「団地ってどこでも同じような仕様だと思われがちだけど、場所によって全然違う」みたいなことを一生懸命説明してくれて、熱意を感じました。

広瀬 やっぱりもともとお好きなのでしょうね。

――夏芽や航祐たちにとってかけがえのない場所が団地だったように、お二人にとってのかけがえのない場所は？

稲葉 子供の頃は伊豆の海沿いで育ったのですが、そこへ帰ると落ち着くっていうのはありますね。あと、今は家族と一緒に過ごせる場所かな。それは家でもあるし、お出かけした先もそうだし。ケンカしてもすぐに仲直りして、こういういろいろな思い出を、作って行きたいなと思ってます。

広瀬 稲葉さんのお話を聞いて思い出したんですけど、私は家族旅行をした沖縄かな。祖母が三味線の師匠だったこともあり、幼少期から三味線や三線などの和楽器を聞く機会が多かったんです。暖かい空気の中で、和楽器の音を聞くと心が踊り出すんですよね。今はコロナ対策で行きにくくなっちゃったけど、あの開放感のある場所に、また行きたいです。

――最後に読者へメッセージをお願いします。

広瀬 大冒険のお話です。映画を観ている皆さんが、「自分だったらどうする？」と、漂流しているような気持ちで楽しんでいただければと思います。

稲葉 キャラも声も、動きも、色も、全部魅力的。ぜひ、何度もご覧になって楽しんでいただければ幸いです。

Inaba's Voice

彼岸の世界

「彼岸の世界は、カラースクリプトが上手くいきすぎて、本番の美術ボードでそれを超えられなかったかも……（笑）」と稲葉さん。

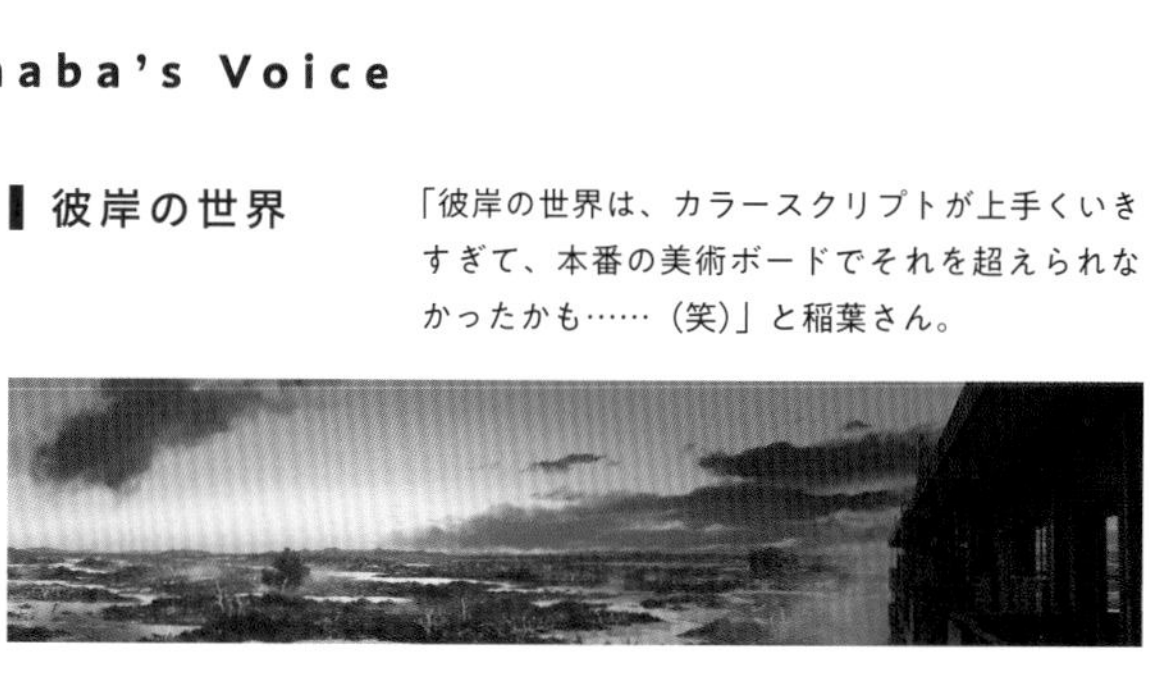

Hirose'Voice

副産物の『呪怨』のっぽ

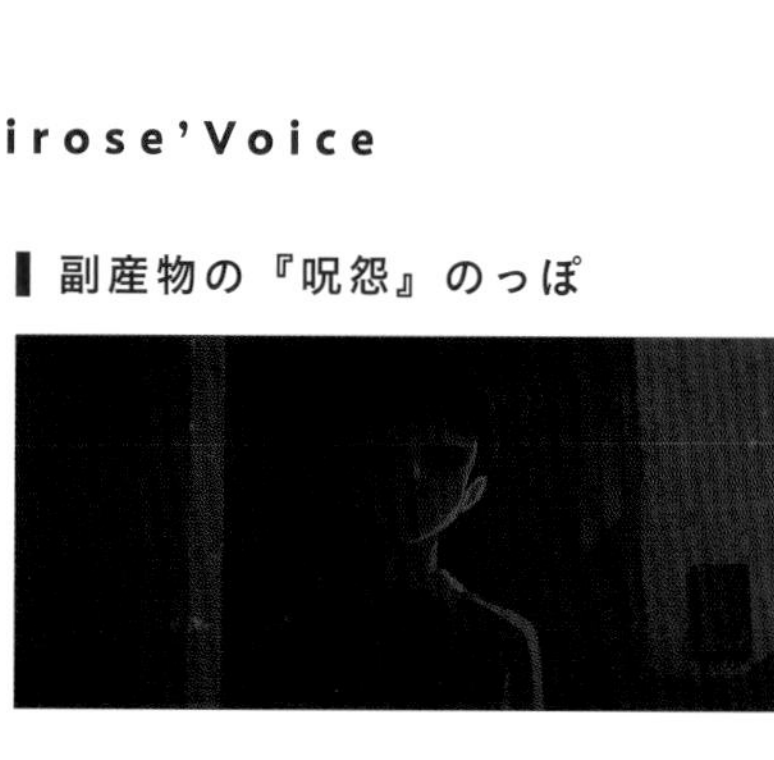

のっぽ初登場シーン。ちょっと不気味なこの姿を見た太志たちは幽霊でも出たかのように驚き、団地の中を逃げ回った。

Staff interview

撮影監督

町田 啓

映像のクオリティを上げて、リッチに仕上げる撮影処理。
雨や海などのほか、どんな質感に気を配ってきたのだろうか？

映像としてのリアリティを感じてほしい

——本作のどんなところに魅力を感じていますか。

町田　小学6年生ながらに、いろいろな出会いと別れがあるんですよね。それらに固執したり、振り返ったりするだけではなく、ちゃんと整理して前に進もうとする。航祐や夏芽たちの姿を見て、そういうところは素敵だなと思いました。

——お気に入りのキャラは？

町田　みんなそれぞれ魅力があるけど、強いてあげるなら令依菜かな。一人だけ顔芸みたいなことをやってるシーンがあって目立ってますよね。そういうところも好きなんですけど、後半で遊園地のエピソードが出てきて物語の中でも欠かせない存在になって。彼女にも彼女の出会いと別れがあって、物語が描かれた。とても魅力的なキャラだと思います。でも、僕が小学生の頃にタイムスリップして友達になるとしたら、譲かな。優しいし。

——コロリド作品といえば、映像のクオリティが非常に高いですよね。もちろんアニメーターや美術さんたちの技量もありますが、撮影処理も重要な役割を担っています。

町田　そう言っていただけるとありがたいです。「作画すげえ！」って、喜んでくれているアニメファンでも、撮影という工程をちゃんと理解していない人が多いんですよね。矢面に立たなくていい分、批判もされないのですが（笑）。撮影が画面の質感を決めるというのは、仰るとおりです。基本的な作業としては、キャラが描かれたセルと背景を合体させること。今はすべてデジタルで処理しますが、かつては本当にカメラで一枚一枚撮影していました。作品全体の映像の質感を統一させなくてはならない大事な作業です。さらにシーンごとにアレンジを加えたりもします。『漂流団地』で言うと、海のシーンが数多く登場しますが、海面をキラキラさせたり、雨が降っているシーンでちょっとモヤっとさせるのも撮影の仕事です。

——一部、特効（特殊効果）のような仕事もされているんですね。

町田　重なっている部分はありますね。たとえば、航祐たちが食べていたブタメン。これを本当に美味しそうに見せるための処理は特効さんが手を入れたりもするのですが、金属の質感とかは撮影で処理したりもします。ケースバイケースですね。

——愛用のマシンやソフトは？

町田　フリーランスの方だとこだわっている方もいますが、僕自身は会社員なので、普通のウィンドウズＰＣと「After Effects」というソフトを使っています。チームで制作をしているので、個々のマシンに差があるとそれはそれで問題だったりもするので、互換性がある一般的なもので作業をしています。一人でミュージックビデオを作っているような人だと、違うのかもしれませんが。

——本作の作業をするにあたって、石田監督からオーダーはありましたか。

町田　『ペンギン・ハイウェイ』の時と同じで、いわゆるキッズアニメのようにしたくないという気持ちはあったのではないかと思います。航祐や夏芽たちが画面の中にいるのですが、雰囲気としてフィルターをかけたりして、できるだけリアリティを感じてもらえるようにしました。ちょっと前のキッズアニメだと画面上部に光があって、わかりやすく影が差していて……みたいな。そんな感じにはならないよう工夫しました。

——具体的には？

町田　わかりやすい例だとピントです。団地内や屋上で子供たちが何人かでしゃべっているシーンがあります。一つの画面に複数のキャラが描かれているのですが、しゃべっている子にピントを合わせて、ほかの子はすこしボカす。そういった処理も石田監督から細かく指示されました。

——いわゆるキッズアニメのようにしたくないというところで、ほかに町田さんが工夫したことはありますか？

町田　色のまわりこみです。それぞれのキャラの輪郭に、うっすら背景の色を拾って光を食い込ませているんです。それも、わかるかわからないかくらいの繊細なタッチで。そうすることで、背景とキャラの絵がパキッと分かれないで、画面全体がなじむんですよね。これは『ペンギン・ハイウェイ』の

キャラの輪郭に、うっすら背景の色を拾って光を食い込ませているんです

まちださとし
株式会社チップチューン所属。撮影監督として『東京レイヴンズ』のほか『竜とそばかすの姫』などに参加。コロリド作品では『ペンギン・ハイウェイ』も担当した

時にもやっているので、注意してご覧いただくとわかるかもしれません。

それぞれのプロがしっかり仕事をしている

——各シーンにさまざまなこだわりが詰め込まれていると思いますが、印象に残っているシーンや、オススメのシーンを教えてください。

町田　物語序盤で夏芽がテーブルにうつ伏せになって寝ているというか泣いているシーンは、テストカットの候補にもなっていたので、皆さん力を入れていました。あそこは、アニメーターさんも、色彩の広瀬さんも、もちろん石田監督もこだわって作っていました。あと、初見ではわかりにくいかもしれませんが、黒ウミホタルのシーンはぜひご覧いただきたいです。後半、航祐たちが海の中でよくわからない黒い不定形のものに引きずり込まれるような場面があります。その黒いグニャグニャした不定形のものが黒ウミホタルです。海上でキラキラ光っていた綺麗な青いウミホタルとは逆の、航祐たちにとってはよくない存在。そこは、アートアニメーションのような感じになっています。

——あまり見ないユニークな映像になっていましたね。

町田　錆びている写真や布、紙などのテクスチャーを使ったり、サンドアートをイメージしたり。普通だったらやらないようなことをしていて、そこは制作に携わった者として、ちょっと面白かったです。わざと手順を入れ替えてフィルターをかけたあとに抽出したりして。こういうのは、いつもならやってはいけないことなのですが、よくわからない不気味さを表現するためにあえてタブーといわれるようなことをやってみたりもしました。

——黒ウミホタルもそうですが、後半にいくにしたがって画面がどんどん暗くなっていきます。撮影監督として、難しかったりはするのですか？

町田　そこは色彩設計の広瀬さんが、シーンごとにバチっと決まる色を付けてくれるので、僕としてはそのバランスを崩さないように、ちょこっと味付けするくらいでした。コロリド作品は本当にそれぞれのプロがしっかり仕事をしているので、画面が暗くなったからといって撮影でなんとかするというようなことは基本的にはないかな。子供たちの動きを見やすくするためにちょっと明るさの調整をしたシーンもありますが、ごく一部です。

——ほかにお気に入りのシーンはありますか。

町田　後半ののっぽの回想シーンです。航祐たちがのっぽという存在について知ることができる場面なのですが、あの映像は全部ウミホタルで構成されています。ウミホタルだけで構成されているシーンはあまりないので、最初は僕もビックリしたのですが、仕上がってみるとちょうどいい不思議さがあって気に入っています。

——そもそもウミホタルはどのように描かれているのでしょうか？

町田　黒ウミホタルは全部アニメーターさんの作画です。でも、青いウミホタルは作画とCGの両方です。予告映像にもあった一回空に向かって上がっていったウミホタルが、航祐たちにむかって落ちてくるシーンがあります。あそこはCGなんです。あの雰囲気で作画さんがいろいろなウミホタルを描いてくれています。それらに撮影処理を加えているのですが、どこがCGでどこが手描きかは、言われてもなかなかわからないかも。

——『ペンギン・ハイウェイ』の時の作業と比べて、変わったところはありましたか。

町田　石田監督のやりたいこと、好みが変わってないので、大きな変更はないです。ただ、主線にかけている実線処理は、作画の線を削ってしまう作業でもあり、アニメーターの表現したいものを邪魔してしまう可能性があります。なので、『ペンギン・ハイウェイ』の時よりも少し改良しています。

——最後に、メッセージを。

町田　航祐たちが元気に動いていてアニメーションとしての楽しさがあふれている作品です。海や雨、ウミホタルなどのエフェクトや空間、画面作りにも撮影として気を配っていますので、そのあたりも気にしていただけたら幸いです。映像としてもとてもリッチな作品です。一度と言わず、何度でもご覧いただければと思います。

Machida's Voice

黒ウミホタル

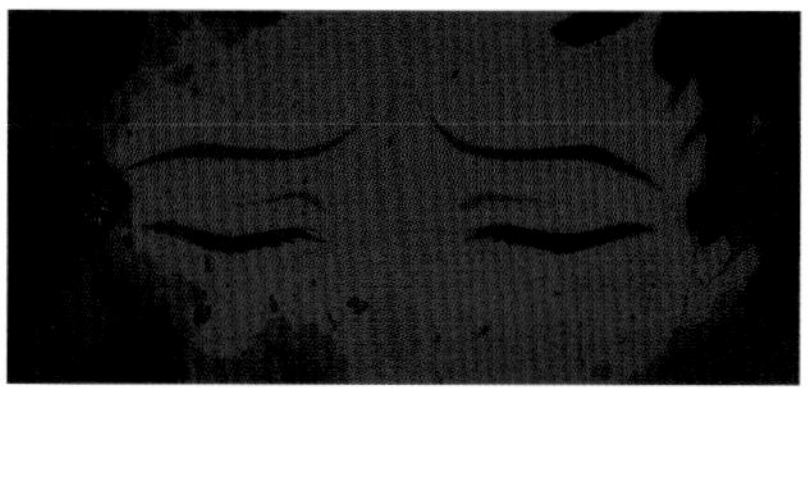

沈みゆく団地から夏芽とのっぽを救い出すため、決死の覚悟でやってきた航祐。その3人を黒いウミホタルが飲み込もうとする……

Staff interview

ずっと真夜中でいいのに。× 映画『雨を告げる漂流団地』挿入歌「夏枯れ」PV

ハイパーボール

挿入歌「夏枯れ」を使用した本作のPVを手掛けたのは新進の映像制作会社・ハイパーボール。同社の山下敏幸さんと三鼓梨菜さんに制作について聞いた。

石田監督のイメージボードなども活用

——ハイパーボールさんはこれまでアニメ作品のオープニング映像やエンディング映像、PVを制作されています。普段はどのようなことを心がけて制作されているのですか。

山下　僕がオープニング映像の制作を担当、三鼓がエンディング映像を担当することが多いです。オープニング映像はキャラクターや世界感を紹介する、いわば作品の「顔」にする必要があります。そこへ作品に合ったテイストを盛り込んで、ファンに喜んでもらえるように仕上げます。エンディング映像は本編を観終えたあとに余韻を楽しめるようにするというところでしょうか。

——オープニング・エンディング映像とも、楽曲との組み合わせがあります。

山下　楽曲は僕たちにとってのシナリオのようなものです。今回のPVもそうですが、楽曲で描かれる心情を映像ではどう描くか、どう演出するかを検討し、映像を観た視聴者が感情を増幅してくれたらいいなと思っています。

三鼓　エンディングの楽曲は作中のキャラクターに焦点を当てて歌詞が作られていることが多いんです。エンディングの映像はそのキャラクターの視点に立ちつつ、自由に制作させてもらえることが多い印象ですね。

——PVの制作についてはどうですか。

山下　PVは制作段階で5話分の映像を使えることもあれば、完成しているわずかなカットで作ることもあります。とはいえプロモーション、つまり作品を宣伝する映像を作るため、限られた素材で端的に作品を表現することを考えています。

三鼓　発注元の要望を取り入れつつ、誰が観てもどんな作品なのかが簡潔にわかるようにしたいと思っています。

——今回どのような経緯でPVを制作することになったのですか。

三鼓　ツインエンジンさんの齋藤響プロデューサーが弊社に直接問い合わせしてくださったんです。齋藤さんが『漂流団地』のPVを作るに当たり周りに相談したところ、弊社を薦められたと聞いています。

——本作の第一印象は?

三鼓　コロリドさんらしい作品だと思いました。子供が物語の中心にいるところや、キャラクターデザイン、絵のタッチからそう感じました。

山下　いただいた企画書を見ると、子供たちが夏休みの間に少しだけ大人の階段を上るというか、人間としてたくましくなって、他人のことを思いやれるようになる物語だと書かれていて。そこもまたコロリドさんらしいなと。

——PV制作にあたり、絵コンテを映像にしたコンテ撮や、できあがっていた映像を観たそうですが、それらについてはどんな印象を持ちましたか。

三鼓　とてもていねいに作られていると感じました。リアクションやキャラクターの動きが本当に細かいところまで観察されていてキャラクターに魂が宿っているようでした。原画も美しかったです。

山下　原画をきれいにした線画を使った映像も観せていただいて。線画それぞれがていねいに描かれていたので、PVには原画や線画の線を生かしたいと考えたんです。じつはPVの制作後にMV(ミュージックビデオ)も作ることになっていて、そちらでは完成した本編の映像を使うことができるはず。それならPVでは未完成の状態をきれいに見せたり、映像が完成する過程を描いたりすることで、作品への期待感を出したいと考えたんです。

三鼓　ほかにもキャラクター設定や美術ボード、石田監督が描かれたイメージボードなどもいただきました。イメージボードは水彩画タッチで描かれていて、その雰囲気も出したいなと。

——「夏枯れ」を聴いた時の感想はどうでしたか。

三鼓　じつは私たちは「夏枯れ」を、この曲が使用される太志たちが海に飛び込むシーンや、団地の屋上で花火をするシーンの映像を拝見するタイミングで、初めて聴いたんです。映像全体が楽しかった夏の思い出を振り返るようなイメージで、それにぴったりだなと感じました。

山下　曲の出だしやギターのリフも、夏休みの懐かしさを感じますね。ずっと真夜中でいいのに。さんもこの映像を見ながら楽曲を作っているんじゃないかな。PVで楽曲の印象を増幅させるため、楽曲にもっともマッチしてい

はいぱーぼーる
やましたとしゆき・みつづみりな
山下敏幸・三鼓梨菜によるアニメーションに特化した映像制作会社。これまで手掛けた作品はTVアニメ『東京リベンジャーズ』OP／ED、映画『バブル』劇場OP／ED、YOASOBI『怪物』MVなど。

コロリドさんの線画がきれいで作業をやればやるほど水彩感を出せました

原画や線画の線を生かし
作品が完成する過程を描いて
期待感を出したい

るこのシーンをPVに入れることは、すんなりと決まりました。

三皷　このシーンに合った雰囲気のカット、団地が海を漂流している様子など作品の紹介をするためのカットを組み合わせて、PVを制作しました。

——今回のPV制作で山下さんと三皷さんはどのように役割分担しましたか。

山下　僕が映像全体の構成と、どこにどんな効果を入れたいのかといった指示を作成しました。画像の加工や線画タッチの調整については三皷にやってもらい、できあがったものを僕が組んでいきました。

三皷　私は山下から「線画から線だけ抽出してちょっと色を塗ってみて」とか「原画のこの部分を水彩タッチにしてみて」というように指示をもらって、作業したものを山下に見せます。山下からOKが出たら、それに合わせて次々と作業をしていきました。

完成した本編映像を加工し線画と共存させる

——今回の作業で印象に残っているのは、どんなことですか。

三皷　水彩タッチにするには、線画がラフすぎると切り抜き作業が大変なんですが、コロリドさんの線画はきれいだったので、作業をやればやるほどいい感じの水彩感が出せました。

山下　今回は先行カットや文字情報を組み合わせて作るPVというよりは、音楽を聴かせるという点でMVのようだし、90秒という尺はオープニング映像的な要素もあって、あまりスタンダードな作り方ではなかったですね。

三皷　画面の下に歌詞も入りますしね。

山下　ちなみに線撮を分解するなど、通常のPV制作よりも手間をかけて作ってます(笑)。線撮をあえて使っていることがわかるように演出することにも気を使いました。

——完成した本編映像もところどころ使われていますが、PV全体のテイストに合うように加工していますね。

山下　線画と本編の完成映像が共存できるように、映像に色を加えたり、エフェクトをたしたりして、映像全体をなじませる作業をしています。

——本編スタッフやずっと真夜中でいいのに。さんの音楽サイドからは、映像についてオーダーはありましたか。

山下　音楽サイドからは、「夏枯れ」がかかるシーンは使ってほしいと要望がありました。

三皷　石田監督には原画やイメージボードのイラストの使用許可をいただいて、制作を後押ししてもらいました。その一方で、団地が漂流しているシーンで、「海の波が送られていく姿がきれいにできているから使ってほしい」と、オーダーがありました。

山下　海の波を見せることについては、完成した本編の映像や原画をもらって、アニメが完成していく工程を見せるような演出にしました。

——映像の中盤、航祐、太志、譲の3人が歩くバックのフェンスにさまざまな絵がポンポンと映し出されるシーンもオシャレで印象に残っています。

山下　ここにも原画や石田監督が描かれたイメージボードを盛り込んでいます。このシーンは無色のフェンスにこれから子供たちに起こることを予告するように映し出しているイメージです。

——ところで、お二人は団地について何か思い出はありますか。

山下　上京当時、自宅の近くに団地がありました。現在では取り壊されたんですが、誰も住まなくなって段々と朽ちていく姿に、怖さや寂しさを感じましたね。陰があるというか。

三皷　わかります。私も小さい頃「団地の窓から手を振る女の人を見たら死ぬ」という怖い話を聞いてから、怖くて夕方の団地を見ないようにしてました。

山下　今回のPVにも団地が持つはかなさを盛り込んだつもりです。

——本作の中で、お二人のお気に入りのキャラクターは誰ですか?

三皷　のっぽと安次おじいちゃんが好きです。のっぽという存在はこの作品の旨味部分だと思っています。それから、これから壊されてしまう存在、なくなってしまう存在であることから漂う哀愁感も彼は纏っていて。それがこの物語の魅力にもつながっていますね。あと、おじいちゃん子だった身としては、安次も捨てられない(笑)。

山下　僕もおじいちゃんかな。それと漂流を終えて、少し大人になって帰ってくる子供たちも好きですね。完全に親目線ですけど(笑)。

Mitsuzumi's Voice

漂流するシーンへの切り替え

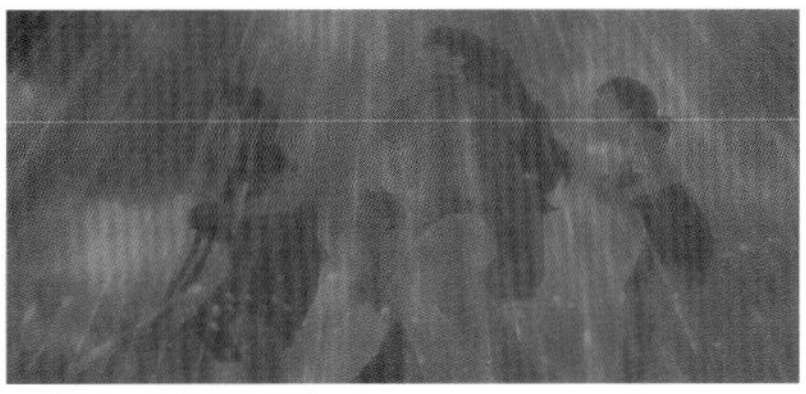

アイデアが光るポイントとして「雨がざあっと降って現実世界から漂流するシーンに切り替わる演出がカッコいい」と三皷さん。

Yamashita's Voice

親目線でグッとくる

「子供たちが家族のもとに帰るシーンは、親目線で見ているとグッときます」と山下さん。二人の再会は大人の気持ちを震わせる。

ずっと真夜中でいいのに。× 映画『雨を告げる漂流団地』

挿入歌「夏枯れ」PV

本編映像に加え線画、原画を駆使した映像と、夏の郷愁を感じさせるメロディが印象的な「夏枯れ」が見事にマッチした PV をチェック。

団地が海を漂うシーンからスタート。PV 側で線画に水彩感のある着色を施している。航祐と夏芽が花火をするシーンも淡い色使いが印象的だ。

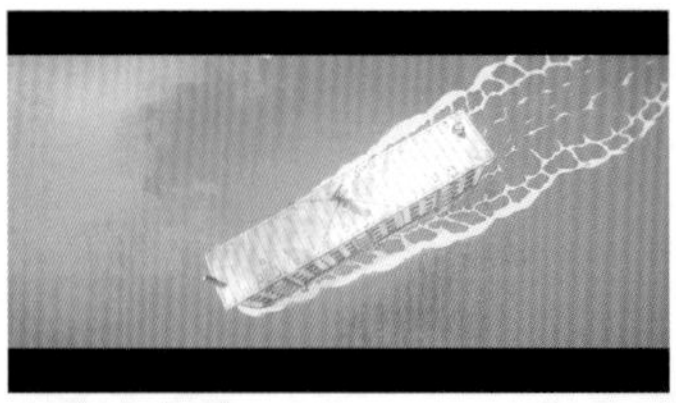

本編映像を使用した航祐たちが、団地を囲う白いフェンスの前を歩く。フェンスには着色された原画などがテンポよく表示されていく。

子供たちが午睡を取るシーンの線画を使用。令依菜に抱きつかれた珠理が暑苦しそうにしている表情が見てとれる。

本編映像で「夏枯れ」がかかり始めるシーンは、PVでは前サビ付近で使用。太志たちが躍動的に飛び込む様子は線画でも変わらない。

団地が周囲に何もない海を漂うシーンが、原画から完成映像へと変化していく。その後、海面にはのちのシーンを予告する原画が表示される。

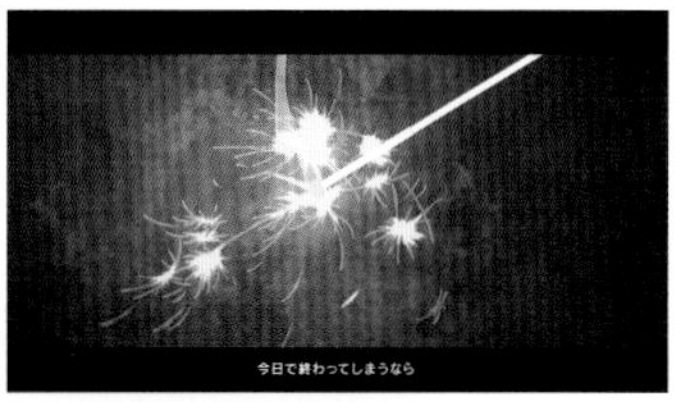

再び花火のシーンへ。PVでは水彩タッチを生かしつつ、子供たちを照らす火が揺らぐ様子まで描かれている。

遠くに見える航祐たちの街。昼からやがて夜になり、明かりが灯る。まるで蜃気楼のようにぼんやりとした光景だ。

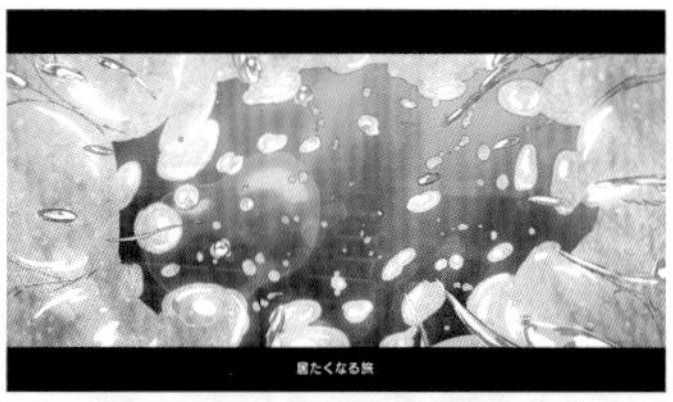

たくさんの泡の中を抜けると、現実世界に戻ってきた子供たちのシーンへと続く。夕日が沈む様子はPVが終わりを迎えることともリンクする。

本編映像から航祐、夏芽、のっぽが相次いで登場。後サビも終わりに近づきPVがクライマックスへ向かっていくことを予感させる。

Special interview

団地監修

照井啓太

本作における団地は、
航祐や夏芽たちの思い出が詰まった大切な場所。
その舞台を魅力的にするために
どんな作業がなされたのだろうか。

ゆるくつながれる居心地のいい場所

——本作に参加することになった経緯を教えてください。

照井　2019年に神代団地で開催した「団地写真展」に石田監督が来てくれたのがすべての始まりでした。話を伺うと、団地を舞台にした映画を制作しており、近日中に団地に入居する予定とのこと。後日、私の自宅（団地）にお招きし、準備稿といくつかの絵を拝見させていただきました。「率直な感想をお願いします！」と言う石田監督を見て、これはもう協力するしかないと思いました。

——団地監修としてどんな作業をされましたか？

照井　団地の居住経験がなかった石田監督にとって、団地をどう描いていけばいいかわからないことだらけだったと思います。私は、石田監督の団地に関する疑問にひたすら答えていきました。「団地の屋上はどうなっているのか」「そもそも屋上にどうやって上がるのか」などなど。たくさんの質問がありましたので、図や写真を用いて事細かに説明していきました。「ベランダ間の庇に乗ることは可能か」という質問があった時は、仙台市内で同型の住棟を見つけ、「ギリギリ可能そうです！」と現地から連絡したこともありました。

——団地監修者として、本作のどんなところに魅力を感じますか。

照井　団地描写のリアルさについては世界一と言っていいのではないかと思います。モデルとなった団地は建替えられており現存しませんが、取り壊し前に外観だけでなく室内も含め約2000枚の写真を撮影しており、間取り図や設計資料も入手しておりました。本来4階建ての建物が5階建てになっていること以外は、昭和34年に建設された公団住宅のリアルな姿になっています。

——ロケハンの時の様子を教えてください。

照井　モデルとなった団地と年代やイメージが近い、常盤平団地（千葉県松戸市）をご案内しました。石田監督は興奮した様子でシャッターをきっていました。団地の敷地を歩いているといきなり大雨が降りだし「雨を告げる常盤平団地」となったのはいい思い出です。

石田監督との常盤平団地
ロケハンの思い出

——本作の舞台となる鴨の宮団地のモデルとは？

照井　今も団地に住まわれている方々に迷惑をかけるわけにはいかないので、現存しない団地をモデルにすることとしました。鴨の宮団地のモデルは、かつて西東京市・東久留米市に建っていたひばりが丘団地です。階数や外壁色、給水塔の形など石田監督によるアレンジが加えられています。ひばりが丘団地は都内有数の大規模公団住宅で、昭和34年に建てられました。当時はまだ珍しかった上下水道完備の公団住宅は、高収入かつ超高倍率の抽選に当たった者でないと入居できず、庶民にとって「憧れの住まい」でした。「鴨の宮団地」という名前は私の発案で、鴨の行列が家族を思い起こさせることと、かつて公団住宅の募集で鴨のマスコットを使っていたことから「鴨の宮」でどうでしょうと石田監督に提案したところ、採用されました。

——作中で一番好きなシーンは？

照井　オープニングシーンで、団地が昔の姿に戻っていくところが一番好きです。ああ、まさにあの頃のひばりが丘団地ではないかと、冒頭からいきなり泣かせに来たのでびっくりしました（笑）。

——現実に存在する団地の中で、思い入れのある団地はどこの団地でしょうか。

照井　やはり自分が住んでいる神代団地（東京都調布市・狛江市）ですね。ひばりが丘団地は建替えとなりましたが、神代団地は建替えではなく、住戸リノベーションなど改修をしながら存続していくこととなりました。今でも団地にはたくさんの子供たちがいて、建替え前の「鴨の宮団地」のイメージをリアルに見ることができます。

——そもそも照井さんは、団地のどんなところに魅力を感じていますか。

照井　団地の魅力は、たくさんの人が集まって暮らすことの素敵さを教えてくれることでしょうか。階段室で交わされる挨拶。広場で出会う友達。団地はみんなとゆるくつながれる居心地のいい場所です。ひばりが丘団地の入居が始まった翌年、日本住宅公団（現UR都市機構）が発行した冊子のなかで、職員が団地についてこう記しています。「私たちのまちを美しい国土にふさわしい新しい日本人のふるさとにすること、それを私たちは念頭にしているのです」（1960年『生まれくる住宅と都市』より引用）と。

——石田監督の団地と映画に対する熱い想いについて、どのような印象をお持ちになりましたか。

照井　本当に研究熱心で驚かされるばかりでした。私がお渡ししたひばりが丘団地の2000枚近い写真を数日でチェックし、本人が一度も行ったことがないはずなのに撮影箇所を地図上に落としていたのです。私の家で、過去の航空写真にびっしりメモが入った紙をテーブルに並べる姿は、まるで『ペンギン・ハイウェイ』のアオヤマ君でした。

——最後に、読者に向けてメッセージをお願いします。

照井　航祐と夏芽たちの姿を思い出しながら近所の団地を歩いてみてください。窓やベランダから垣間見える暮らしに少しだけ思いを馳せてみましょう。もしかしたら、どこかに“安じい”がいるかもしれません。そうして団地を歩いてきた後、もう一度本作をご覧ください。なぜか冒頭から涙が止まらなくなりますよ！

てるいけいた
高校生の頃から団地にハマり、現在は団地ファンサイト『公団ウォーカー』を運営。東京都小平市にあったNTT花小金井東社宅で生まれ育ち、現在は神代団地に居住。2018年に『日本懐かし団地大全』（辰巳出版）を上梓

Back Ground Art

鴨の宮団地

航祐や夏芽が少し前まで暮らしていた集合住宅。60年ほど前に竣工した建物で、かつては多くの人々が生活の拠点として暮らしていたが、現在は建て替えのための工事が進められている。老朽化の進んだビジュアルから「おばけ団地」と呼ばれていたりもする。

002　団地の外観
太陽光を取り込めるよう、ゆったりとした配置で建物が並んでいる

001　団地全景
緑豊かで広大な敷地の中に、いくつもの棟が連なっている

004　団地内の一室
4階の部屋。ここで航祐は夏芽とケンカをしたり、一緒にご飯を食べたりしていた

003　階段の踊り場
鴨の宮団地はエレベーターがなく、1階から屋上まで階段で上り下りする設計だ

屋上のテント

団地の屋上に設えられたテントは、高さが約130センチ。子供が一人入るだけで、いっぱいになってしまうコンパクトサイズだ。入り口の上に、丸い小窓があったり、側面に尾翼のようなものがあり、子供心をくすぐるロケットのような形をしている。

006　テントのデザイン
側面は、雲の上に星が輝く夜空をイメージした装飾が施されている

熊谷家の新しい家

団地内の建て替え棟で一時的に暮らしている熊谷家。間取りは3LDKとなっている。玄関側に両親の寝室と航祐の部屋があり、バルコニー側にリビングダイニングと和室がある。転居して間もないため、引っ越し用の段ボールが片付けられていない。

005　和室とリビング
安次が使う予定だった和室は空き部屋に。リビングには航祐たちがゲームをするTVがある

不思議な海

航祐と夏芽が安次のカメラを巡って揉めていた時、雨とともに激しい地震のような揺れが生じ、団地ごと瞬間移動。たどり着いたのが、この不思議な海だ。団地はただ浮かんでいるのではなく、推進力を得て特定の方角へ向かって進んでいく。

007　夕景の海
水平線の彼方に太陽が沈んでいく景色。どこか物悲しい雰囲気がある

009　建造物の墓場
この海には、航祐たちのいる団地のほかにも、さまざまな建物が流されている

008　広大な海
見渡す限り、何もない海。子供たちは屋上に「SOS」と記したが、助けにくる者はいない

デパート

不思議な海で、子供たちが見つけた二つ目の建造物。デパートとしての往年の賑やかさ、楽しさはまったくなく、全体がくすんでいたり壁がひび割れていて、暗くどんよりとした空気に満ちている。ここでは航祐と夏芽、のっぽが探索をしたが食料は見つからなかった。

011　デパートの外観側面
窓が割れているなど、建物からは不気味な雰囲気が漂っている

ナラハラスイミングクラブ

子供たちが、不思議な海で初めて見つけた建造物。それは、かつて航祐と夏芽が通っていたスイミングクラブだった。手前にある傾斜がついたトタン屋根の下が25メートルプール。その奥の建物に、着替えエリアや航祐たちが非常用食料を手に入れた休憩室などがある。

010　スイミングクラブ全景
ツタが生い茂り、経年劣化を感じさせる外観。管理されなくなってからの長い時間を感じさせる

012　漂流直前の曇天
航祐たちが団地ごと不思議な海へ瞬間移動する直前の空。不穏さが感じられる

014　元の世界の朝焼け
青空に棚びく雲。輝く太陽が、航祐たちの新たなスタートを感じさせる

013　漂流直後の快晴
漂流したばかりの頃の空。雲の位置が非常に低く、ファンタジックな世界観を強調している

015　漂流中の夜空
美しい星が無数に輝く空。ポツンとライトの灯るテントが印象的

空

序盤の夏の晴れ渡った空から、後半にかけての凄まじい荒天。そして、美しい満天の星々など、本作ではさまざまな空が物語を盛り上げている。コロリド特有の淡い中間色のブルーは、後半にいくほどに減っていくが、その分、青い光＝ウミホタルが際立つように設計されている。

鴨の宮病院

航祐の祖父・安次が入院していた医療機関。航祐は夏芽と一緒にお見舞いに訪れるも、「じいちゃんと会うのが、これで最後だったらって思ったんだ……。そしたら、すごく怖くて、悲しくて」と、感情を抑えられなくなってしまった思い出の場所でもある。

016　病院外観
さまざまな診療科を備えた大きな病院。安全と衛生のシンボルマーク「緑十字」が確認できる

017　病院の廊下
清潔感のある白い壁と天井。レースのカーテン越しに柔らかい太陽光が差し込んでいる

青い光

航祐と夏芽が幼い頃の思い出について語っていた時、海の向こうから団地に向かってきた青白い光の大群。最初は「綺麗」と言っていた子供たちだったが、あまりの眩しさに目を開けていられないほど。最後は、この光が団地を元の世界へ誘ってくれた。

018　青い光　さまざまなシーンで子供たちを助けてくれた青白い光を、のっぽは「あの子たち」と呼んだ

八島遊園地

令依菜が父親に初めて連れてきてもらった遊園地。特に観覧車は何度も乗った思い出の乗り物。全高は土台を含めて約33～34メートル。この観覧車の滑車を利用して、嵐の中で沈みゆく団地を浮上させようと航祐が太いワイヤーで引き上げるという奇策を実行する。

019　観覧車全景
大きな観覧車の中心には平仮名で「やしま」のロゴがデザインされている

021　下から見上げたアングルの観覧車
鉄骨部分にツタが絡まり、ペンキも色褪せている

020　ゴンドラ
16個のゴンドラは、一般的な円柱状の外観で、それぞれ4人乗り

022　彼岸の世界（1）
ところどころが青白く光っており、元の世界とは異なる幻想的な雰囲気

023　彼岸の世界（2）
岸辺には、朽ち果てた建物の残骸のようなものがそこかしこにある

彼岸

子供たちとともに、団地が辿り着いたのは草原が広がり、花々が咲く土地だった。周囲には、他にもさまざまな建築物が着岸しており、その中から少年少女たちが陸地へ降り立っていた。航祐たちもそこへ向かおうとするが、のっぽは「だめ」と引き留めた。

024　彼岸の世界（3）
青い光が海面に浮かぶ彼岸世界。のっぽは一人、この地に降り立つことにした

025　彼岸の世界（4）
霧のため霞んでいる風景。青い光がないと不気味さが際立つ

026　団地全景
崩壊寸前のような満身創痍の外観が、大冒険を物語っている

空飛ぶ団地

天変地異のような現象とともに、不思議な海へと転移した団地。襲いかかるさまざまな試練を乗り越えて、最後は青い光とともに浮上し、大空へ。雲よりも高く、美しい朝日を浴び、子供たちを乗せて元の世界へと戻ってくることに成功した。

027　団地越しの海
さまざまな出会いと別れを経験し、子供たちを成長させてくれた海

とり戻した日常

安次の死を受け入れること、団地への想いに執着しないこと、未来へ向けて歩みだすこと……。冒険を通じて、子供たちの内面は大きく成長した。いつもと同じ日常へ戻ってきたが、彼らの表情は、それまでよりもちょっと優しく、たくましくなった。

028　灯籠流しの会場
団地の敷地内で開催されている夏祭り会場の一つ。夏芽は浴衣を着て灯籠を流した

029　サッカー場
大きく成長した航祐と夏芽は呼吸もぴったり。サッカーでも大活躍している

カラースクリプトで見る作品世界

鮮やかで美しい日常の青い空から幻想的な海の世界へ
美術監督・稲葉邦彦が描き出した作品世界の設計図とは!?

カラースクリプトとは、「映像カラーの設計図」。本編をシーンごとに分解し、それぞれの配色、ライティング、特殊効果などを表現している。全体の色のバランスを確認するために使われるほか、徐々に色を変えて物語を盛り上げたり、一気に色を変えて場面転換させたり、物語の演出を制作スタッフが共有するためにも使われる。

シーンに合わせたブルー

美術監督・稲葉邦彦

「物語の中で、海や空の状況変化が重要なポイントになる作品です。日常シーンやシリアスなシーンなどに合わせるため、最初からブルーの幅を持たせたいと思って制作を進めていきました。海についても単なるシアンにはしたくなかったです。石田監督からも指示がありましたが、より深い海を表現したいなと考えていました。そういったところに注目していただくと、さまざまな空の表情、海の表情に気づいていただけるのではないでしょうか」

厳選原画コレクション

時にドラマチックに、時にコミカルに描かれたキャラクターの動きや表情
圧倒的な描写で物語を際立たせてくれたシーンを厳選して紹介！

シーン67　原画／刈谷仁美

夏休みに「フロリダのランドに……」と、航祐を恥ずかしそうに誘う令依菜。ところが、背後から急に太志たちがきてビックリ。この後、「黙んなさいよチビ」「お前だってチビガキじゃん」とケンカになってしまう。

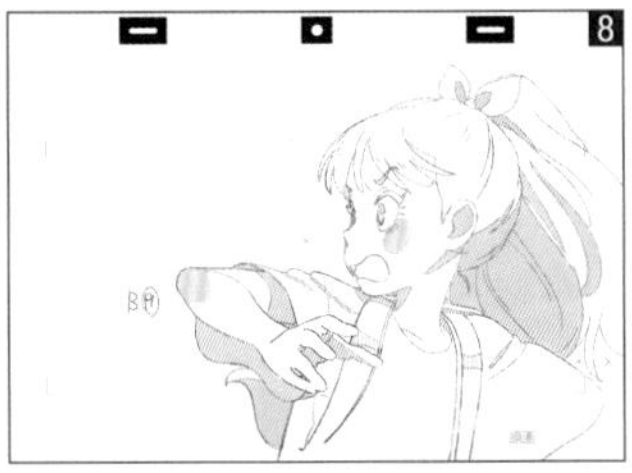

シーン207　原画／斎藤 暖

安次のカメラを巡ってケンカをする二人。「なんでお前が持ってんだよ」と言う航祐に、夏芽も「それは……」と、心の整理がつかないながらも応戦。セリフの押し問答と、作画でのカメラの引っ張り合いが絶妙にマッチしている。

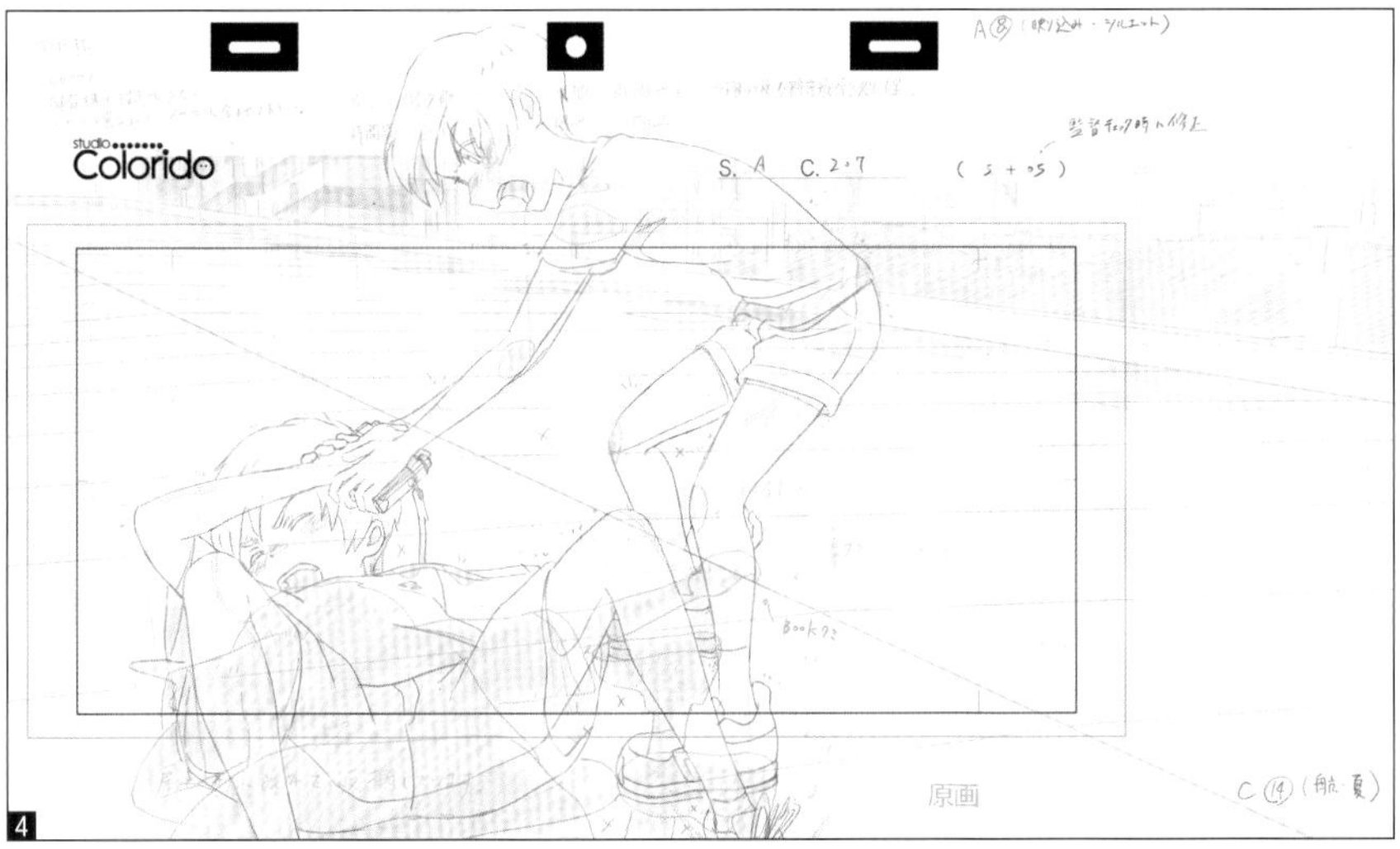

4

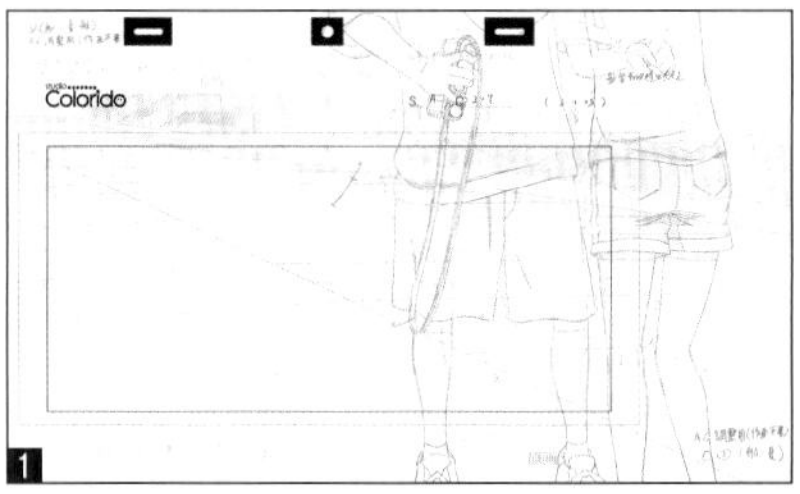
1

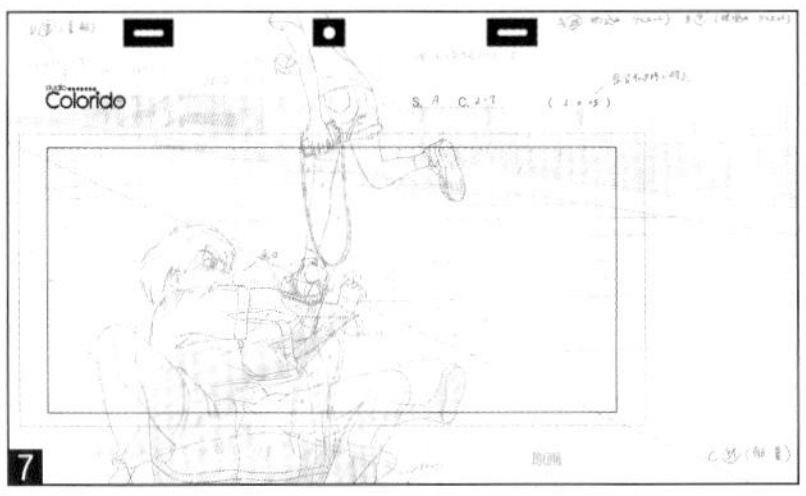
7

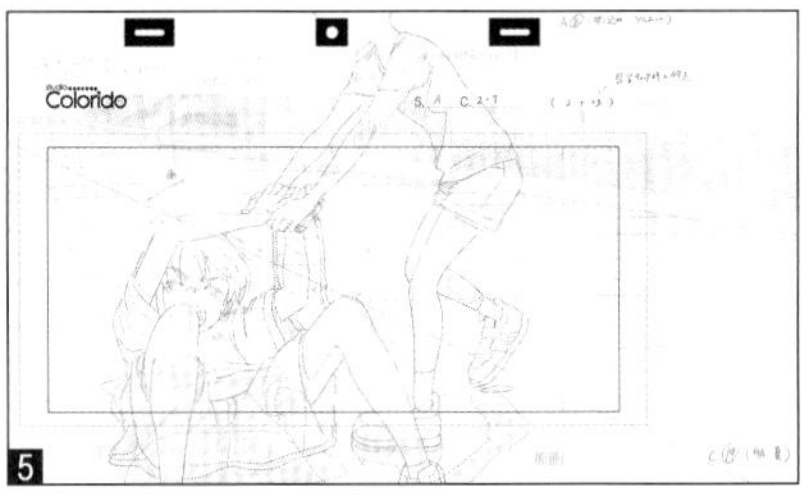
5

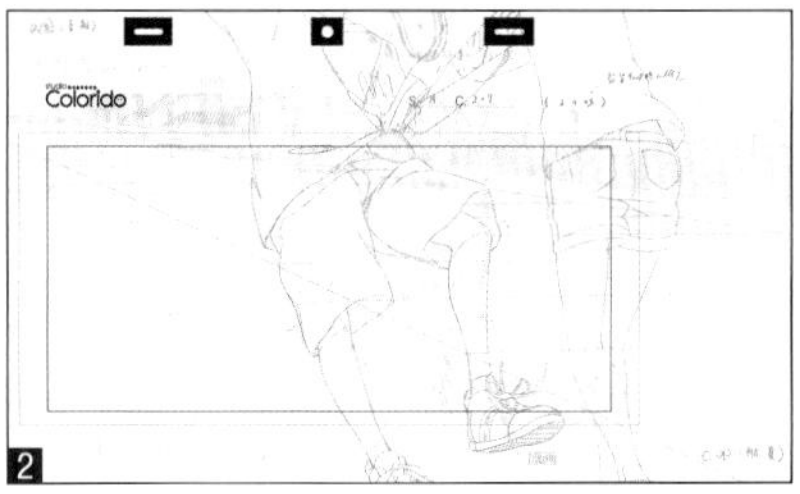
2

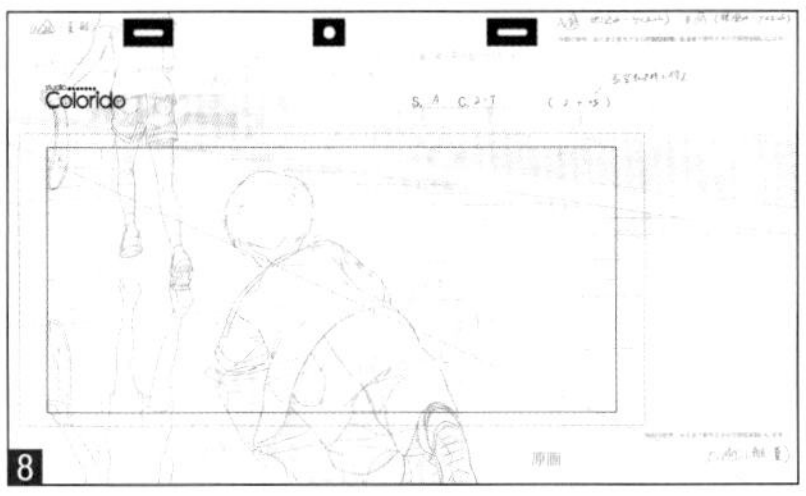
8

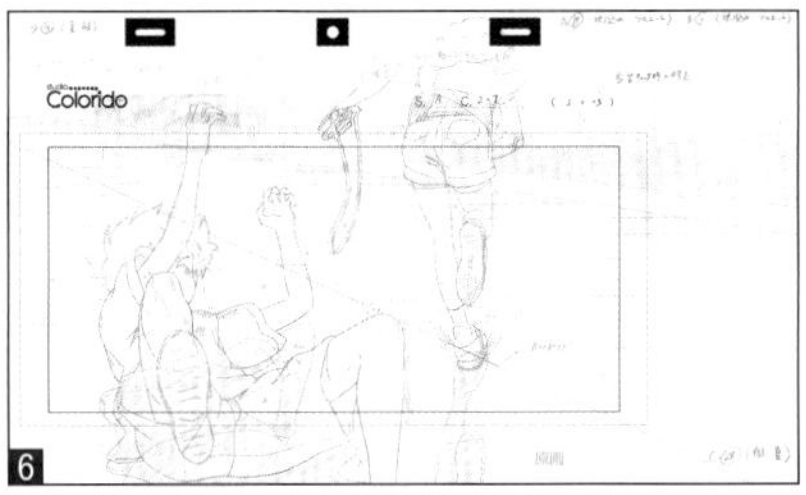
6

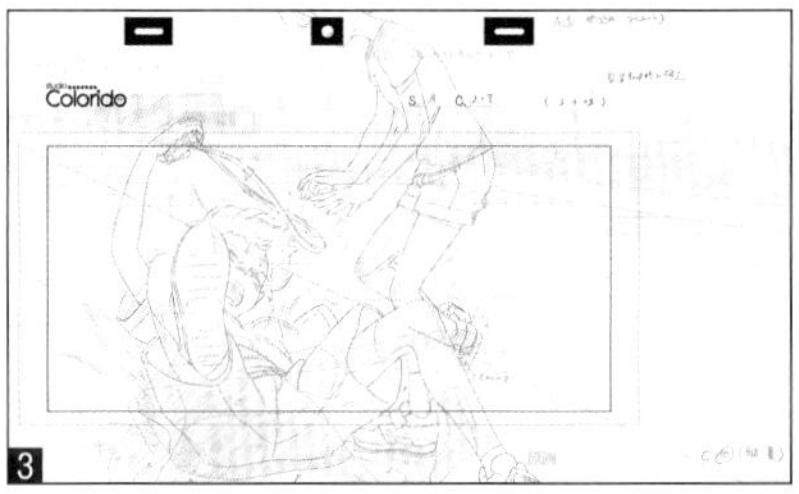
3

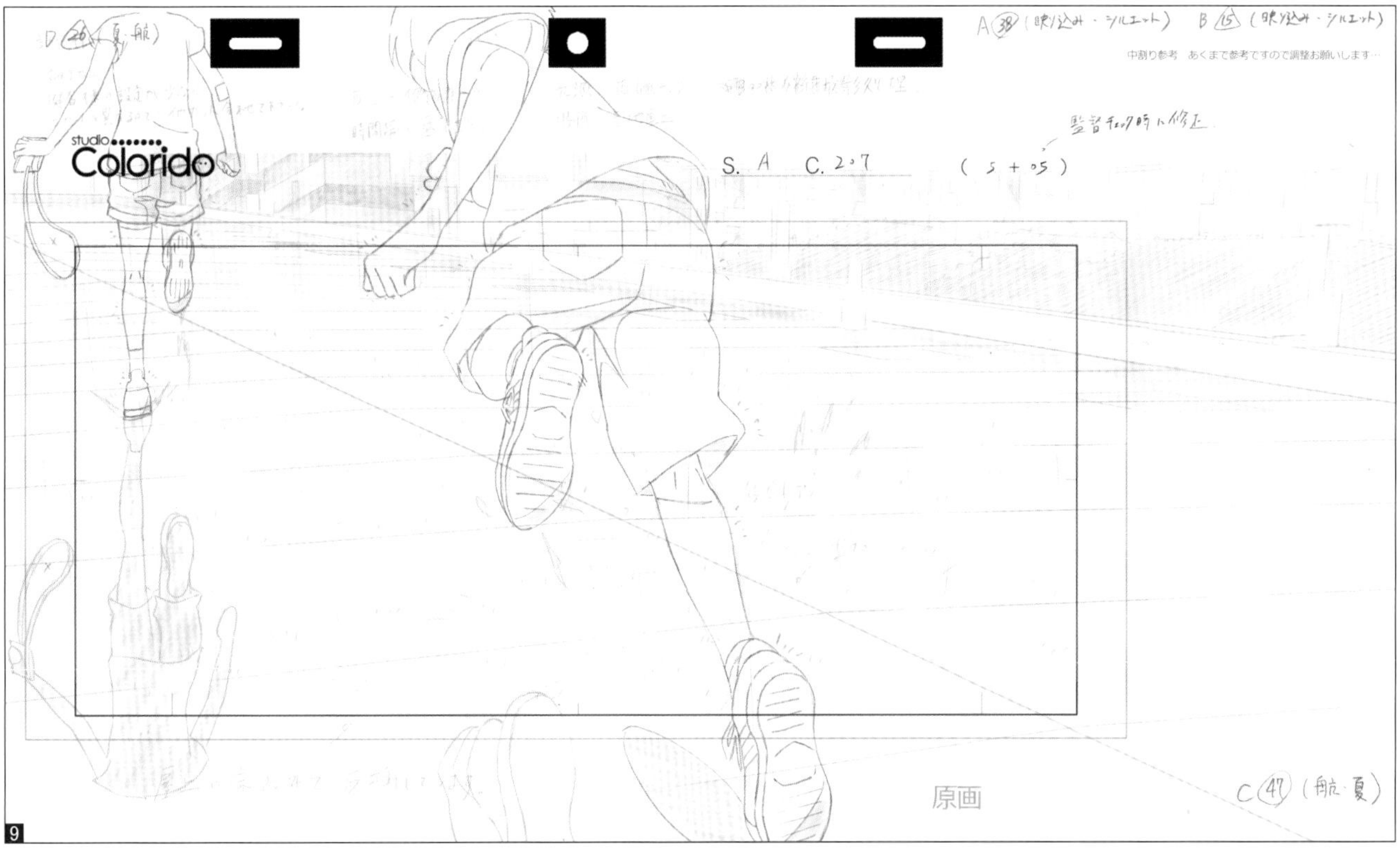

9

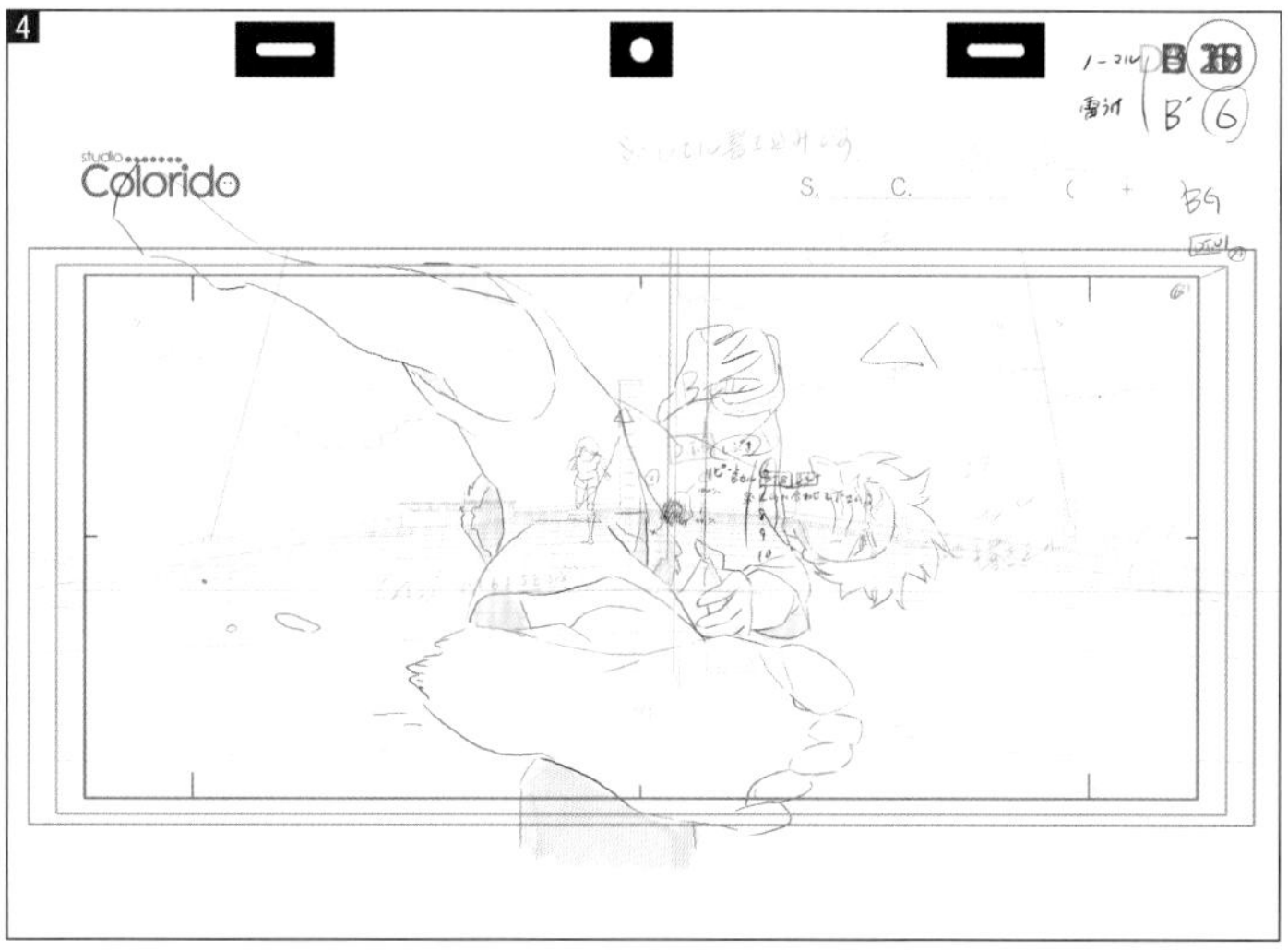

終盤、夏芽とのっぽを救い出すため、再び団地屋上へとやってきた航祐。ところが、雨風と波が勢いを増し、三人に立ちはだかる。航祐は手を滑らせて後方へゴロゴロと回転しながら落ちていってしまう。それを助けにきた夏芽も窮地に陥るが、最後はのっぽが助けてくれた。

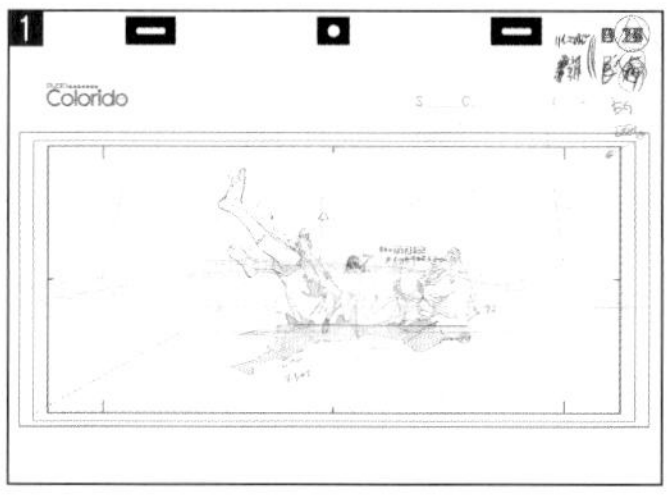

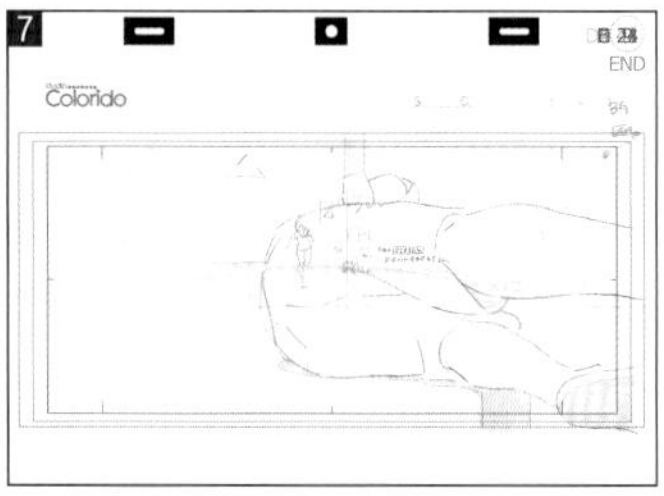

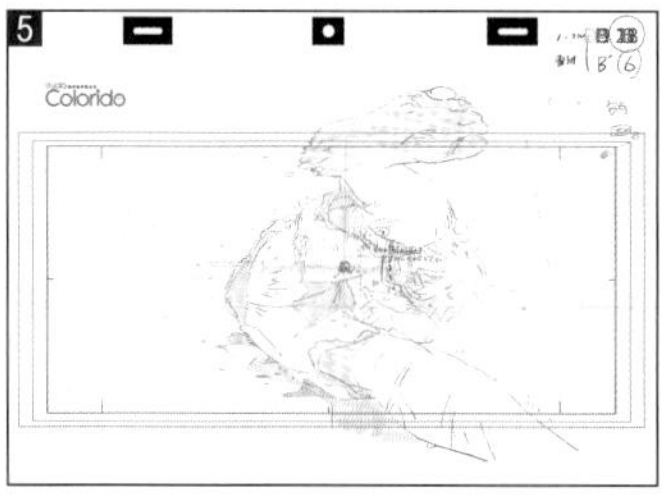

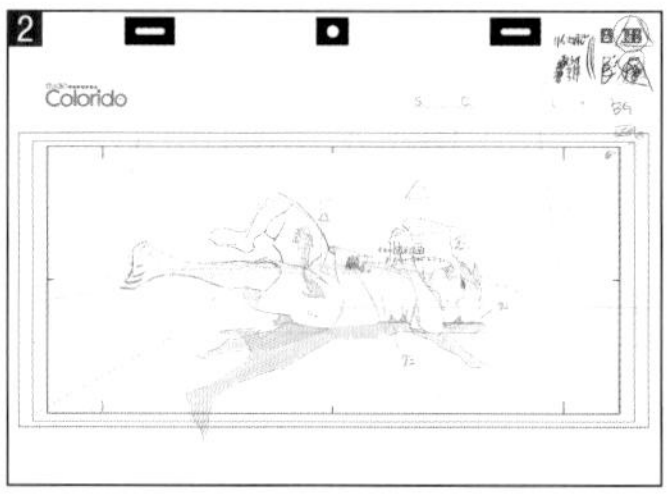

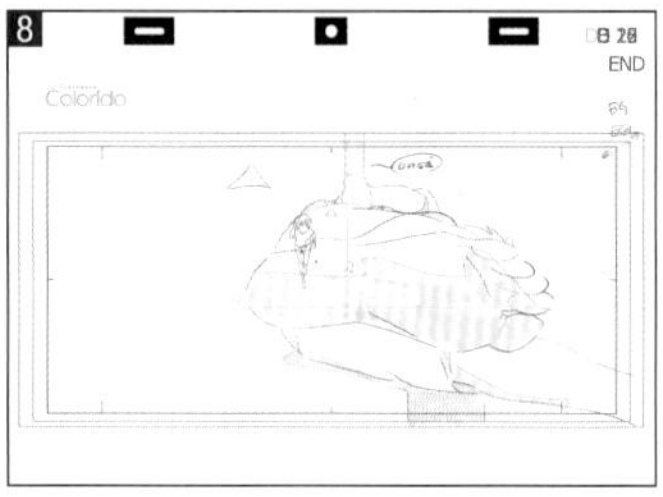

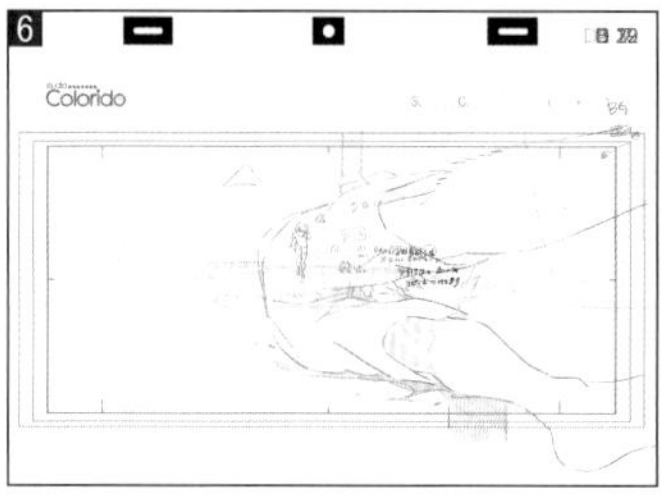

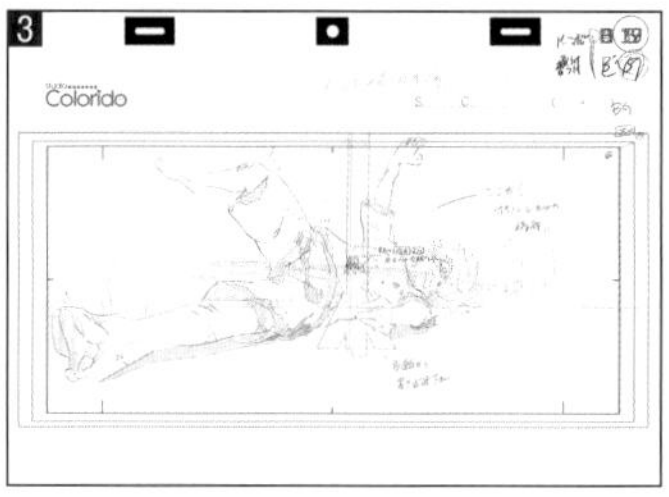

シーン1243　原画／山田奈月

「また一緒にサッカーしてえし」「夏芽と一緒に、俺は帰りたい」と、航祐が夏芽に向かって本音をぶつけたシーン。その言葉を聞いて、夏芽は心にあったわだかまりのようなものが崩壊。子供のように泣きじゃくった。

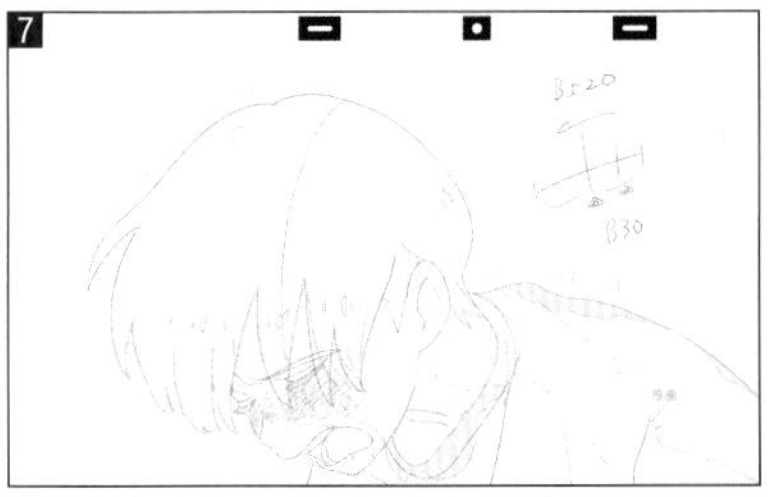

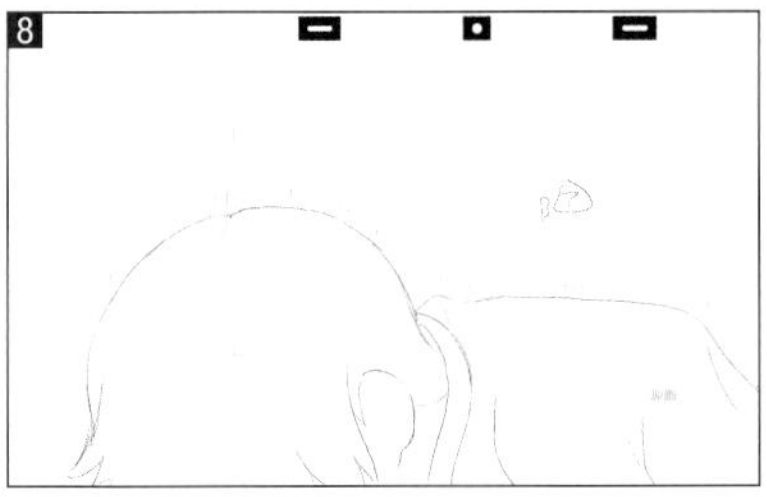

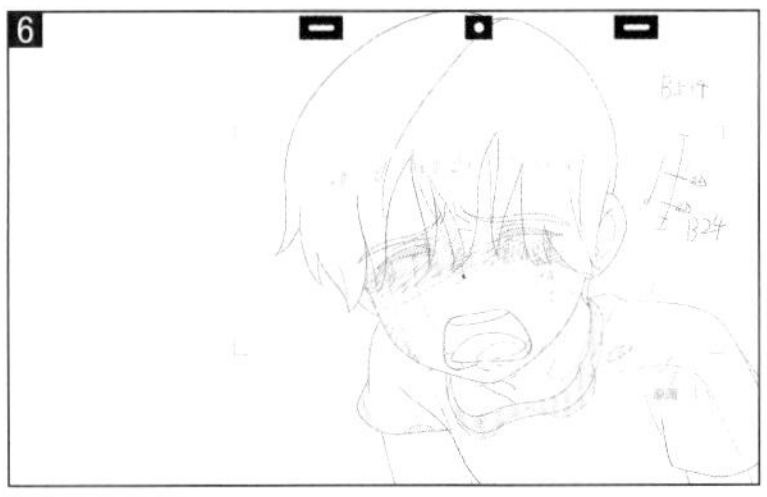

石田作品の熱量の高さは別物

ツインエンジン／スタジオコロリド代表　山本幸治

石田監督作品との出会いは、もう10年近くも前になる。２０１３年の秋、『陽なたのアオシグレ』を観に行ったときのことだ。この日、石田監督作品とスタジオコロリドに出会い、その後の僕は人生は変わった。

『陽なたのアオシグレ』のキャラクターは生命力に溢れていて、観終わった時、キャラクターと一緒にアトラクションを体験したような感覚になった。それは『ペンギン・ハイウェイ』でも感じたが、特に石田監督の新作『雨を告げる漂流団地』で強く感じた。

『陽なたのアオシグレ』はテレビシリーズの１話より短い。20分にも満たないそのフィルムの中にエネルギーと可能性が詰まっていた。僕は当時フジテレビの深夜アニメ枠「ノイタミナ」の編集長をしていた。２０１１年に『あの日見た花の名前を僕達はまだ知らない。』、２０１２年に『PSYCHO-PASS サイコパス』と幸せなヒットを体験させてもらい、でも同時にその先の自分の動機に行き詰まりを感じていた。

毎週のオンエアを何年も繰り返す中で忘れてしまっていた新鮮な感覚を『陽なたのアオシグレ』は思い出させてくれた。アニメーションの持つ本質的な力に打たれたのかもしれない。同時上映のなかむらたかし監督の『寫眞館』が、同じくらいの短い尺の中で人の一生を見事に描き切っていたのに対して、石田監督の粗削りにも今その時を描くスタンスと対比的だった。

僕はフジテレビに戻り『陽なたのアオシグレ』との出会いの興奮を語った。フジテレビの仲間たちも皆、石田監督とコロリドの魅力と可能性を感じてくれて、一緒に未来を追い求めようとなった。その最初の仕事としてノイタミナ10周年の記念映像を頼んでみようということになった。これが後に『ポレットのイス』として生まれ、ノイタミナの頭で5秒のジングルにも切り出されている。石田監督の伸び伸びとした表現が素晴らしい一作で、僕自身一番好きな石田フィルムかもしれない。

『陽なたのアオシグレ』との出会いからおよそ1年後、僕自身もフジテレビを退社し、スタジオコロリドとともに新たな挑戦をすることになった。これが僕の人生を変えた石田監督との出会いのエピソードだ。

＊

その後、『ポレットのイス』の制作で、僕は石田監督と直接やりとりをするようになる。石田監督のことを知っている方は良く分かると思うが、彼は笑ってしまうくらい謙虚で親しみやすいキャラクターだ。そんな石田監督だが、当時僕に対しては明確に距離をとっていた。本人に聞いたわけではないので気のせいかもしれないが、僕は彼から避けられていると感じていた。テレビ局のプロデューサーに対してどう振舞っていいのか分からなかったのかもしれない。近づいてきた山本という人間が、本気で映画を作る気がある人物なのか、見定めていたのかもしれない。

そんなある日、当時スタジオのあった中野新橋の喫茶店でようやく二人で話す機会があった。彼はやはり少し僕を警戒しながら、長編映画への夢と自信を語った。彼の発言は自信と根拠に満ちていた。長編を作った経験はなくとも、キャラクターに命を吹き込むことへの確固たる自信を持っていた。全てはキャラクターに命を吹き込むために、膨大な数の絵を描き、色や画面の設計から撮影まで、全ての工程を自分の手でやってきた。

雰囲気のよい自主制作作品は何度も見たことがあるが、石田作品の熱量の高さは全く別物だった。謙虚すぎて笑ってしまうくらいの青年が、長編映画への夢と、キャラクターに命を吹き込むというアニメーションの本質に対する絶対の自信を持っていることを僕は確信した。

この日、石田監督と僕は長編映画を作っていく約束（だと僕は思っている）をし、初の長編映画『ペンギン・ハイウェイ』への挑戦へとつながっていく。

＊

初の長編映画『ペンギン・ハイウェイ』の制作は、石田監督にとって困難なものだったと思う。自主制作をしてきた石田監督からすると、それまでは全ての工程が完全に自分の手の届くところにあった。でも長編は同じやり方では作れない。美術監督、音響監督、撮影監督という専門分野の監督たちとの初めての仕事。アニメ業界では稀有な例だが、オリジナルは作ったことがあっても、原作を料理するということが初めてだった。

石田監督は企画の初期段階のある時に、『ペンギン・ハイウェイ』はもっと上手になってから挑戦する題材かもしれないという発言をしたことがあった。確かに、それまでの石田監督作品よりずっと複雑な題材だった。一見複雑に見えないのが原作者の森見登美彦先生の技で、映像化の際のハードルだった。

それでも彼は全身全霊で作品に向き合い、全力でキャラクターに入っていった。日常から少し不思議に誘われる感覚、キャラクターの瑞々しさ、ダイナミックで浮遊感のある絵、『ペンギン・ハイウェイ』でも石田監督の持ち味は遺憾なく発揮された。石田監督の個人作家としてのワークフローを商業に拡張する中で、コロリドとしての作り方も確立され、長編映画を作り続けられるスタジオに成長した。

*

『ペンギン・ハイウェイ』から『雨を告げる漂流団地』に話が進む前に、少し話を戻したい。僕と石田作品との出会いが『陽なたのアオシグレ』だと書いたものの、実は『フミコの告白』も見ていたし、石田監督と僕は彼がまだ学生のときに出会っている。『陽なたのアオシグレ』で、衝撃をもって出会い直したと言った方が正しい。

石田監督が京都精華大学の卒業制作で作った『rain town』が、ＴＯＨＯシネマズの学生映画祭のグランプリを獲ったのだが、僕はその審査員として参加していた。石田監督は後に、当時僕と会話したことを覚えていないと語っていたが、僕の方はしっかり覚えている。もちろん『陽なたのアオシグレ』もたまたま観に行ったわけではない。

『rain town』は、今思うと石田フィルムのサイドB的な側面が見られる作品なのだが、当時の僕にはそれが理解できていなかった。『rain town』は僕以外の全審査員の支持でグランプリを獲るのだが、審査員の中で僕だけがグランプリに推さなかった。学生映画祭に期待するものとは逆の、よく出来過ぎた作品と捉えてしまっていたのだ。受賞後のパーティーで、石田監督に対して上から目線のコメントをしてしまったのを覚えている。彼はその時の僕のコメントどころか、僕の存在さえ覚えていなかったのだが、実はこの時の会話に『雨を告げる漂流団地』の企画成立の時のヒントがあった。

*

繰り返しになるが、彼自身は笑ってしまうくらい謙虚でチャーミングな青年だけど、実はものすごく頑固な一面を持っている。クリエイターとしては必要な素養だ。彼は自分の作るものに絶対の自信を持っているものの、言い方を変えれば、彼は決して器用ではなく、作れるものと作れないもの、分かるものと分からないものが、他の監督よりはっきりしている。謙虚に人の話を聞き、作品のために良くなることは取り入れようとする謙虚な姿勢がありつつも、実は自分が興味のないある種のことが最初から視野に入っていないような瞬間があった。『rain town』についての授賞式での僕のコメントは、彼にとっては分かり切ったどうでもいいものだったのだろうと思っている。自分でも今はそう思う。

*

『ペンギン・ハイウェイ』の次の長編を考えた際、もう一本原作ものの映画を作る可能性をメインの計画として検討していた。そんな中で、企画のアイデアとして彼が描いてきた一枚の絵、団地が海に浮かぶ絵がとてもユニークだった。

石田監督もインタビュー等で触れているが、『雨を告げる漂流団地』の企画が決まるまでの過程では、団地というトンデモなモチーフに周囲が理解を示さなかった期間があった。ユニークであることは皆が認めつつも、どう着地していいのか全く見えない中で、彼は団地に引っ越しを決めた。まだ企画の正式決定が出ていないのにだ。そんな彼の特性は、周囲の仲間たちからも理解され、僕なりにも理解していた。つまり、『雨を告げる漂流団地』は石田監督の団地への引っ越しによって決まった。

*

オリジナル作品というのはとても難しい。物語とキャラクターと世界観をゼロから同時に開発し、お客さんに見応えを与えなければならない。本来なら経験や練度を必要とするジャンルだ。作業工数も時間も膨大にかかり、作品の評価を一身に受け止める覚悟も必要だ。今回は、新型コロナ感染症、それに伴うリモートワークという環境の厳しさが加わった。『雨を告げる漂流団地』で、石田監督はそれに全力で挑んだ。この原稿の執筆時点では作品が公開前のため、作品の評価は、実際に作品を観てもらった観客に委ねたい。石田監督が全身全霊をかけて作り上げた作品は、自分にとっては人生を賭ける価値のあるものだった。この作品を作り上げた監督とスタッフに最大限の賛辞を贈りたい。

石田監督が作品を作り続ける限り支えたいと思う。

やまもとこうじ
1975年生まれ。2000年フジテレビ入社。ノイタミナ初代編集長として10年間ノイタミナを率い、『ハチミツとクローバー』『のだめカンタービレ』といった大ヒットした原作のアニメ化から『東のエデン』『PSYCHO-PASS サイコパス』といった硬派なオリジナル作品を手がけてきた。2014年にアニメーション企画会社ツインエンジンを起業。20年来のハーレー乗り。

Cast & Staff

キャスト

熊谷航祐	田村睦心
兎内夏芽	瀬戸麻沙美
のっぽ	村瀬　歩
橘譲	山下大輝
小祝太志	小林由美子
羽馬令依菜	水瀬いのり
安藤珠理	花澤香菜
熊谷安次	島田　敏
熊谷靖子	愛河里花子
兎内里子	水樹奈々
観覧車の少女	遠藤　綾
熊谷祐太	伊原正明
工事作業員A	橘　潤二
工事作業員B	綿貫竜之介
担任	橘あんり
千絵梨	渋谷彩乃
萌江	飯沼南実
葵	田中有紀
男子生徒	和　優希
女子生徒	三川華月
先生	羽鳥　佑

脚本
森ハヤシ　石田祐康

絵コンテ
石田祐康

渡辺　葉　間﨑　渓
竹内雅人　木村　拓
増田惇人　福田裕也

キャラクターデザイン　永江彰浩

キャラクターデザイン補佐　加藤ふみ

助監督　増田惇人

演出
渡辺　葉　間﨑　渓　竹内 雅人　木村　拓　増田惇人

美術デザイン
水野良亮　志和史織　曽野由大　間﨑　渓　熊谷貴史

プロップデザイン
川妻智美　間﨑　渓　水野良亮

カラースクリプト　稲葉邦彦

クリエイティブアドバイザー　佐藤順一

総作画監督　永江彰浩

作画監督
加藤ふみ　近岡　直　西村幸恵　黄　捷
加藤万由子　荻野美希　三浦菜奈　薮本和彦
水野良亮　坂口歌菜子　渡辺暁子　平井琴乃
櫻井哲也　宇佐美皓一　篠田貴臣　斎藤　暖

レイアウト監修　水野良亮

原画
刈谷仁美　斎藤　暖　篠田貴臣　村山正直　車谷紗由美
金井千夏　谷垣慧実　増田由佳　宇田川大水　栗崎健太朗
石川準　大沼由希　加藤万由子　田巻智子　薮本和彦
坂口歌菜子　李　文韜　三浦菜奈　櫻井哲也　髙橋詩奈子
宮田瑞生　黄　捷　近岡　直　西原千恵　小池　響
西村幸恵　藤田理子　間﨑　渓　ジュリア・デルング

team ヤマヒツヂ
川野達朗　山田奈月　渡辺暁子　平井琴乃　湯徳　遥
野澤かれん　荻野美希

大谷里恵　水谷汐里　井元愛夕　石舘波子　伊久美安里
鈴木　克　山本祐子　若林　晶　藤巻裕一　宮村　明
小野田貴之　網サキ涼子　福元敬子　石倉　礼　Hamil
Aiden Guo　TOMATO　林　可爲　山田　咲　雷
滝川和男　Blue　服部奈津美　BONO　米澤彩織
永田大樹　横屋健太　横山麻華　堀尾　鉱

WITSTUDIO
松田芳明　中尾和麻　門　智昭
近藤　綾　前原　薫　南東寿幸

株式会社旭プロダクション　森あおい

アトリエ ココ　井元一彰

studio daisy
石井佑季　平田笑子　稲井マリン

エイトビット

オープニング原画　清水　洋

第二原画
松本　緑　染谷友梨花　桂田都美紀

WITSTUDIO
山名めぐみ　須田千秋　壹岐悠ノ介　山本早苗　井分詢也

株式会社旭プロダクション
樋口香住　佐藤惠美　井津宏典　山﨑理璃花

C-Station　近藤律子

studio daisy
石橋愛海　河原泉生　栗原佑弥　中川悠也　松本悠里

セブン・アークス
池田あずさ　林　蔚盈　南　希

SAFE HOUSE T studio
王　子豪　王　子穎　林　盈秀

Studio Bus
キム　スウッヒ　キム　ウオンヒ　キム　ジンギョン

スタジオエイトカラーズ
彼末真由子　西原碧海　長尾波奈

ぎふとアニメーション
大岸海晴　木下真澄　工藤真奈　齋藤穂波
高橋瑠実　友廣　愛　中山亜偉夢　松井あきほ

タツノコプロ
徳元　愛　安部由羽花

アトリエ ココ
田路あるみ

ハイブリッドラボ
岡沢　剛　加藤千春　前田陽平

九州アニメーション
杉山早苗　早渕楓香

トリガー福岡スタジオ
土井那菜　山口智也

reboot(リブート)

動画検査
松村舞子　竹之内節子　宇田川大水　西原千恵
赤木苑緒　野口愛美　栗崎健太朗

動画
竹之内節子　赤木苑緒　大江華子　松村舞子　船越大雪
野口愛美　高橋夏海　西原千恵　田中一葉　藤田理子
宇田川大水　徳留圭太郎　栗崎健太朗　昆美菜子　小池　響

team ヤマヒツヂ
渡部文香　望月亮太朗　石橋俊伸　三浦　涼

株式会社旭プロダクション
齋藤雪奈　鈴木日菜子　鈴木知里　草薙美穂
熊谷莉々　小原香織　増井遼　井津宏典
金城ななこ　小島李々花　本田亥輝　王　歓

STUDIO UBUD
Anayatul Maulana　M. Maladz Adli　Chandra Aji P.　Rangga Tri P. N.　Jovan Oktaviano N. P.
Satori　Firsananta R. M.　Yans Dimas R.　Wisnu Drigantoro　Ghaly Alfarisi
Gilang Pratama　Rafi Candra S.　Galuh Dewi C. K.　Andi Wahyu N.　Claudia Theniana
M. Rifqi Firdaus　M. Tony Indrawan　Imanuel Rivael S.

Studio Bus
ミン　ギョンエ
パク　ギョンスク　ミン　スイン　シン　ソンミ　ソ　チェヨン
ジャン　ユンヨン　ソ　ヒョンシック　ミン　ホンイ　チェ　ヒョシル

アイリスメディア

ゆめ太カンパニー
キッカンジャナ・アサマ　劉　麟　趙　麗竹　奥嶋千晴正田杏樹
清水聖美　矢吹彩果　田原雄瞭　杉山恭平

OLM
池内　舞　伊藤里穂　山田玲子

OLM Asia

タツノコプロ
千葉紗也　林ひかる　加藤亨祐　弓削愛直己　中岡真誉

トリガー
大谷彩絵　福澤美琴　中島優太　中務泰山
杉本愛美　田中智也　山路美空　橋丸彩美
鈴木凌斗　久川沢登　後藤郁美

Kinema citrus
佐藤陽将　樋口　蒼

コミックス・ウェーブ・フィルム
望月由香　松岡理恵子

ぎふとアニメーション
高橋　彩　根本卓弥　濵田佳奈英

ハイブリッドラボ
坂本　洋　羽根田弓子　茂木芳明
朱　栄栄　張　国慶　李　潔

studio daisy
金子美紀　深谷梨里花　山田康仁

バンダイナムコピクチャーズいわきクリエイティブルーム
若生大樹

TOEI ANIMATION PHILS., INC
ブライアン・ジュリアス・ティビィ　レィーアン・サントス　ロセリト・パメ

テレコム・アニメーションフィルム
飯野めぐみ　井原亜紀穂　大沢瞳太　鄺家裕　髙橋良太
築山　礼　藤田真帆　Chid　Art　Palm
Tum　Meen　Got　Dome　Frame

スタジオリングス
王　子豪　王　子穎　林　盈秀　林　志翔

スタジオマスケット
王　子豪　王　子穎　林　盈秀　郭　沁琳　黄　沢銘
周　玥　董　小航　潘　道坤　喬　羿銘

White Line

ENGI
黒川飛鳥
武川　陽　岡田賢治　ルエダ・ピオン・ダニエラ　小林良平

無錫旭陽動画制作有限公司

GK セールス
肖　徳元　李　詩軍　桑　小曼　芯　動

reboot(リブート)
株式会社 星律
セブン・アークス
RadPlus
TopGear

色彩設計　広瀬いづみ

色指定
大塚奈津子　岡田絵美子　田中美穂　藤田裕子

ステラ・ロード
越田侑子　中野尚美

仕上げ検査
大塚奈津子　岡田絵美子　田中美穂　藤田裕子

ステラ・ロード
菊地慶翔　遠藤花歩

仕上げ検査補佐
ステラ・ロード
門松諭生　江口亜紗美　永井唯香

スタジオ・ロード
山中真紀子　曽根久美子　永井　舞

仕上げ
株式会社旭プロダクション
管野宏香　佐田絵里花　岡田　礼　佐藤芹香　平山理子

STUDIO UBUD
Khairul Arif Nugroho　Ahmad Faishol Hadi　Adi Chandra　Febryan Eka H. S.
Faturochim Azriel S.

Studio Bus
ナ　ジョンア　キム　ジョンヘ　キム　テヒ　キム　ヨンミ
キム　ウンギョン　ペク　スンヒ　ソン　ユミ　イ　ビョンエ

アイリスメディア

ライトフット
玉木千春　角智美　鈴木佑奈

宣伝
橋本実咲　　小磯捺未　　長坂健司　　中村陸真

宣伝パブリシティ　三井亜寿沙

フラッグ
松本かれん　　尾崎佑惟

マンハッタンピープル
片川由加里　　作田雄地　　新井麻美　　久保いづみ

配給営業
ギグリーボックス
宮崎聡　　山口久美子　　吉野安衣子

予告演出
高橋和余　　髙根英一郎　　間杉侑太　　若月佳奈

宣伝デザイン
Hi-63 Design
末岡弥美

住田彩由里

ベイブリッジ・スタジオ
伊波光司

公式サイト制作
カークスヴィル
石塚賢治　　後藤真依

ノベライズ
岩佐まもる　　へちま

出版協力
KADOKAWA
今井理紗（角川文庫編集部）　　五十嵐陽至（角川つばさ文庫編集部）
正木大督

協力
電通
松本　整　　多々良樹

アニメーションプロデューサー
鈴木孝輔　　金苗将宏

制作デスク　桃原一真

設定制作　岡田茉耶

制作進行
江部我空　　庄司更紗　　長谷川東　　横田　新
谷口元希　　吉府和大　　太田光咲

背景管理　菊地悠平

デジタル制作　木南涼太

制作補佐
篠田佳奈　　藤崎優真　　猪上　萌　　黄　雨舟
山田直登　　大友瑞穂　　前田青空

制作協力
真鍋華那　　加治屋敏雄

WITSTUDIO
山中一樹
上松敬弘　　伊藤　誠

ENGI　鈴木　祐

通訳協力　高橋登　　草清理絵

システム管理
リトルビット株式会社　若狭　隆
柴田雅之　　野澤　栞

スタジオ管理　工藤博美　　菊池　愛

法務　芦野結乃　　森岡史葉

アシスタントプロデューサー　早津博貴

ライセンシング　石川貴広

パッケージ
バップ
大谷優一郎　　川西康代

海外ライセンス
高橋　登　　草清理絵

配給
ツインエンジン　　ギグリーボックス

In Association with Netflix

山野裕史

企画・プロデュース　山本幸治

プロデューサー　齋藤　響

製作
コロリド・ツインエンジンパートナーズ

企画　ツインエンジン

アニメーション制作　スタジオコロリド

監督　石田祐康

編集　木南涼太

音響監督　木村絵理子

音響効果
中野勝博
山谷尚人　　緒方康恭　　長谷川卓也　　三井友和

フォーリーアーティスト　倉橋静男

フォーリーレコーディスト・エディター　西佐知子

フォーリーレコーディスト　小川大貴

効果音ロケーション　武藤晶子

録音・調整　鈴木修二

録音　今泉　武

録音助手
清水幸司　　齋藤拓哉　　工藤周太
朴　宰範　　廣嶋瑛美　　会田真女

アフレコスタジオ
ピーズスタジオ　　神南スタジオ　　オムニバス・ジャパン

スタジオ協力
株式会社スカーレット 原宿サウンドスタジオ

ダビングスタジオ　アオイスタジオ

音響制作担当
加藤真之　　磯部愛美

音響制作　東北新社

主題歌
「消えてしまいそうです」
(EMI Records / UNIVERSAL MUSIC)
ずっと真夜中でいいのに。

挿入歌
「夏枯れ」
(EMI Records / UNIVERSAL MUSIC)
ずっと真夜中でいいのに。

作詞・作曲　ACA ね

編曲　100 回嘔吐　　ZTMY

レコーディング&ミキシングエンジニア
眞武　亨

サウンドディレクター　松元航平

レーベルサポート
岡田武士　　大井智博　　南薗啓介

MV 制作
ハイパーボール
山下敏幸　　三皷梨菜

音楽　阿部海太郎

指揮　根本卓也

レコーディング&ミキシングエンジニア
宇納真也（オデンスタジオ）

レコーディングスタジオ　ビクタースタジオ

音楽協力
テアトルアカデミー　　アイオーン

音楽制作　フジパシフィックミュージック

音楽制作協力　金野沙矢香　　増崎真帆

デジタルシネマスタジオ　キュー・テック

オンライン編集　新井淳一

オンライン編集助手　櫻井理恵

デジタルシネマエンジニア　藤島英幸

スタジオコーディネーター　岡本昌明

団地監修　照井啓太

団地資料提供　原田亜由美

設定協力
CalorieMate
ブタメン

機材協力
デル・テクノロジーズ株式会社　　株式会社 Too
株式会社ワコム

ソフトウェア協力
株式会社ボーンデジタル

シナリオ協力　坂本美南香

宣伝プロデューサー　岩田菜摘

Production I.G
土井　和　　岡田ゆり　　藤田裕子　　木谷友美
吉田沙織　　懸田七海　　矢上真子　　大野智美
杉本美玖　　吉澤　遥　　渡辺夏海　　松原慎司
大森二千子　　山本美幸　　池田光子　　浅野理恵

オフィス フウ
斉藤あや子　　早川恵美　　飯島理恵

ステラ・ロード
門松諭生　　江口亜紗美　　永井唯香　　奥　智恵　　新井理恵

コミックス・ウェーブ・フィルム
蒲原絢子　　若井あゆ

スタジオ雲雀
林　鈴音　　竹川美緒　　山部一久
大須賀弘美　　大場麻耶　　多田早希

studio daisy 渡部夏美

Clover Works
原　恭子　　長井彩香　　五十嵐るみ　　鳥越　栞　　島田孝介
奥原　薫　　辻　桃佳　　岩渕里菜　　鞠川未来　　梶山翼

ハイブリッドラボ
遠藤真理子　　加藤英恵　　鈴木真衣　　瀧島かれん

R.I.C
川久保彩紅　　阿彦真凜　　曽我早紀子

グレーン
内田敦也　　岡田　碧　　上原大輔

セブン・アークス
上妻佳祐　　福良宗大　　水内　歩　　服部円香

Kinema citrus　山下宮緒

スタジオリングス
王　子豪　　王　子穎　　林　盈秀　　林　志翔

スタジオマスケット
王　子豪　　王　子穎　　林　盈秀　　米　古月　　徐　正浩

White Line

TopGear
ツェレンピル・ガンボルド　　渡邉理美

GK セールス
陳　林　　丁　云　　丁　正庭

ENGI
常州米豆動画制作有限公司
reboot(リブート)
株式会社 星律
RadPlus

伊藤里奈　　森ゆうき

美術監督　稲葉邦彦

美術監督補佐　宍戸太一

背景
スタジオコロリド美術部
志和史織　　岩城佳那子　　増尾　遥　　川村陽平
高橋杏奈　　石川友理　　中澤　彩

テレコム・アニメーションフィルム美術部
武田理央　　坂田七海　　吉田奈央　　南　拓海
松沢有紗　　新田博史　　清水啓一朗　　大貫雄司
石田杏里　　村本奈津江　　POIRIAULT JEAN-MARC

スタジオ心
中島麻由実　　橋本日香里　　池田奈菜　　長岡えりか　　段　海燕

スタジオリセス
森下知廣　　白井一真　　竹内香純

野村裕樹　　宍戸文香　　船隠雄貴　　木下晋輔　　風戸亜希子
林　雅巳　　中村瑛利子　　秋竹千恵　　芳野満雄　　今野明美

CG ディレクター　竹鼻まゆ

CG プロデューサー　根本繁樹

3DCG
チップチューン
荒磯沙也　　後藤直也　　高橋みゆ
南　藍子　　さいとうつかさ　　高屋舗将司

新見 知哉

2D ワークス
木南涼太　　柴田佳奈　　横田　新　　住田彩由里

特殊効果
チップチューン
土橋祥子　　粂澤由理

撮影監督　町田　啓

撮影
チップチューン
浅村　徹　　東郷香澄　　山本　聖　　金原友哉　　魚山真志
小川克人　　田村紗絵　　稲邊修平　　西片颯良

EOTA 撮影部
福田　光
村井野愛　　木舩颯人　　小早川侑　　加藤楓菜　　三輪あこ

神谷雄貴 (maxilla)　　山口 駿

オープニング撮影監督　神谷雄貴 (maxilla)

オープニング撮影　山下清悟

ラインテスト

アスラフィルム　　颱風グラフィックス

スタジオ雲雀
中川せな　　渡邉宣之　　助川陸大　　月野木玖瑠実
和田綾華　　嶋田瑞帆　　山脇奈々実

ラインファーム
島本龍之介　　高瀬　勝

スタジオコロリド

2011年に設立されたアニメ制作会社。株式会社ツインエンジンの子会社。これまで、『陽なたのアオシグレ』をはじめ、『POKÉTOON』シリーズなど多くの良質なアニメーションを丁寧に作り上げてきた。長編劇場版は『ペンギン・ハイウェイ』『泣きたい私は猫をかぶる』に続き、2022年9月16日に公開された『雨を告げる漂流団地』が3作目。

石田祐康監督プロフィール

1988年生まれ。愛知県出身。高校生の頃からアニメーション制作をはじめ、大学生時代には自主制作作品『フミコの告白』が第14回文化庁メディア芸術祭アニメーション部門優秀賞などを受賞。2013年、初の商業用劇場作品となる『陽なたのアオシグレ』は第17回文化庁メディア芸術祭アニメーション部門で審査委員会推薦作品に選ばれた。

制作スタッフ

装丁	間中幸子（クウ）
本文デザイン	クウ （里信亜沙子、橋口恵子、手代木絹子）
編集・執筆	水野二千翔（高円寺工房） 福西輝明 野下奈生（アイプランニング）
制作協力	早津博貴（ツインエンジン）

編集長	後藤憲司
副編集長	塩見治雄
担当編集	石井 大

スタジオコロリド公式ファンブック

「雨を告げる漂流団地」

2022年9月21日　初版第1刷発行

編集	MdN編集部
発行人	山口康夫
発行	株式会社エムディエヌコーポレーション 〒101-0051　東京都千代田区神田神保町一丁目105番地 https://books.MdN.co.jp/
発売	株式会社インプレス 〒101-0051　東京都千代田区神田神保町一丁目105番地
印刷・製本	図書印刷株式会社

Printed in Japan

定価はカバーに表示してあります。

【カスタマーセンター】
造本には万全を期しておりますが、万一、落丁・乱丁などがございましたら、送料小社負担にてお取り替えいたします。
お手数ですが、カスタマーセンターまでご返送ください。

落丁・乱丁本などのご返送先
〒101-0051　東京都千代田区神田神保町一丁目105番地
株式会社エムディエヌコーポレーション カスタマーセンター　TEL：03-4334-2915

書店・販売店のご注文受付
株式会社インプレス　受注センター　TEL：048-449-8040 ／ FAX：048-449-8041

内容に関するお問い合わせ先
株式会社エムディエヌコーポレーション
カスタマーセンター メール窓口
info@MdN.co.jp

本書の内容に関するご質問は、Eメールのみの受付となります。メールの件名は「雨を告げる漂流団地　質問係」とお書きください。電話やFAX、郵便でのご質問にはお答えできません。ご質問の内容によりましては、しばらくお時間をいただく場合がございます。また、本書の範囲を超えるご質問に関しましてはお答えいたしかねますので、あらかじめご了承ください。

ISBN978-4-295-20404-6　C0076